# 本の読める場所を求めて

阿久津隆

朝日出版社

# 本の読める場所を求めて

目次

## 第2部　「本の読める店」をつくる



## 第3部　「読書の居場所」を増やす

# はじめに

本を読んでいる人の姿は美しい。

両手のひらを天に向け、背を丸め、こうべを垂れる。それはほとんど祈りの姿勢のようだ。じっと身じろぎもせず、目だけが絶えず動いている。目と、それから頭の中。

彼らは本を読んでいる。

一心不乱に文字を追っている。いや、そう見えるだけで一心不乱でもないのかもしれない。心は千々に乱れ、思考はあちらに行ってこちらに行って散り散りになりながら、しがみつくようにして読んでいるのかもしれない。いずれにしても一歩一歩、彼らは本の世界の中を進んでいく。

　頼りになるのは自分しかいない。とにもかくにも自分で歩を進めなければどこにも向かえない。疲れたといって目を閉じて、十秒の時間を置く。そして目を開ける。その十秒で、しかし残酷なことに物語は進んでいない。景色は以前と何も変わらない。再び腰を上げて、印刷された文字の上をぺたぺたと踏みしめていくほか前に進む術《すべ》はない。

旅をともにしてくれる仲間はいない。一緒に行こうぜと励ましてくれる友人も横にはいないし、「いいね！」と後押ししてくれるフォロワーもそこにはいない。たった今自分が味わっている喜びあるいは怒りあるいは悲しみ等々を誰かと共有しようとシェアボタンを探してもあいにくそれは見つからない。

それに、見ず知らずの赤の他人がつくりあげたその世界に同調できるとはまるで限らない。そこで示される考え方や言葉や行為は自分の価値観とはまったく相容れないかもしれない。途中でやめてしまおうか。あるいはもう少し付き合おうか。すべての判断が委ねられている。自分と本しかそこには存在しない。

ときに退屈に陥って這いつくばりながら、ときに並ぶ文字がまったく意味をなさなくなっていたずらにすいすいと滑りながら、ときに傷つき、へとへとに疲弊しながら、ときに大いなる喜びの中で踊るようにステップを踏みながら、いずれにしてもたったひとりで進んでいく。

ほんのちょっとだけでもこれまで知らなかった世界のありようを覗けないかという好奇心、もうちょっとだけでも自分のこの生をよりよいものにできないだろうかという望み、あとちょっとだけでも遠くまで飛ぶことができないだろうかという願い、そんなものだけを頼りにして進んでいく。

ひとり静かに本を読んでいる。そんな人たちを僕は美しく思う。


ちょっと言いすぎた。ちょっと格好をつけすぎた。

僕は、ただ、読書が楽しい、読書が好き、読書が趣味、それだけだ。食べるのと同じように、しないでは気が済まない、満たされない。気づきや学びや成長とかのことはよく知らない。楽しければいい。読書は楽しければ楽しいほどいい。なぜなら読書は僕にとってせねばならぬ課業ではなく、愉快に生きていくために必要な、代わりのきかない、単純に大好きな、趣味だから。大好きな趣味は、もっと楽しく、うれしく、豊かに、おこなわれたい。

そしてまた、そんな人たちのことが好きだ。親近感を覚える。読書を楽しんでいる人の姿は、とてもいい。「いいね！　いいね！」と思う。そんな愛すべき人たちのそばにいられて、なおかつそれが自分の仕事になったなら、幸せだ。

ひとりの読書好きとして、自分だったらこんな場所で本を読みたいという思いから、本を読む人たちのための場所をつくった。「ｆｕｚｋｕｅ」という。「フヅクエ」と読む。東京の渋谷区の初台の古いビルの２階。そこで、「本の読める店」を標榜する店を始めたのが２０１４年の秋。

それから毎日毎夜、人々が本を読んで過ごしていく美しい光景の中で働いている。毎日、とてもいい時間が流れている。「本の読める店」、これは、とても、とてもいいものだ。心底からそう思い続けられている。心底から「この人たち好き」と思い続けられている。いい仕事をつくったものだ。

この本は、本を気持ちよく楽しくうれしく読みたい、それを可能にしてくれる場所はどこかにないか、どうあればそれが実現できるかを考え続けた僕の思考と実践のドキュメントだ。

第１部では、街の中の「本の読める場所」たりえそうな場所について、あれこれと思考した。どこでだってできてしまうがゆえにわざわざ手を差し伸べてはもらえない、読書という遊びを取り囲む環境について主に書かれている。「読む」という行為が社会において不当に軽く見られていることを不満たらたらに指摘する。

第2部では、「本の読める店」であるフヅクエのあり方を書いた。何をもって「快適に本の読める状態」とし、それをどう実現し、どう守るのか、その実践が記されている。

思考と実践を重ねていく過程で、「本の読める店」は増えたがっていると感じるようになった。２０２０年4月、2店舗めのフヅクエを下北沢で始めたが、もっと多くの読書の居場所がある世界を夢想するようになった。第3部ではそれを実現していくためのアイデアが記された。

この本は、「今夜はあの本をひたすら読んじゃうぞ」という楽しみがその日の気持ちを明るくさせるような、「今週末は読書三昧だ」という予定が日々を生きていくことの希望の根拠となるような、そんな経験をしたことのある人たちに向けて書かれた。日々フヅクエで目撃するそんな人たちの存在が書かせた。

# 第1部

# 「本の読めない街」をさまよう

第1章

# まずはおうちで

## 家で本を読む

すごく、楽しみにしていた本がある。発売のその日を今か今かと待っていた本がある。そのときのあの気持ちを、読書が好きな人ならばきっと知っているだろう。

刊行の知らせは明るい。誰かが長い年月を費やした取り組みが、ひとつの本になり、世に出る。めでたい。村上春樹の新作が出るときなんかは毎回全国的なニュースにもなる。出るぞ、出るぞ、と少しずつ煽《あお》られて、「出た〜！」というあの感じ。とてもいいなと思う。本を取り巻く話題としては出色の明るさと熱狂があるように思う。

言うまでもなく、村上春樹だけの話ではない。待望のシリーズ最新作、何年も出版が噂されていた翻訳小説、あの名作が奇跡の復刊。それぞれに、「とうとうこの日が！」という本があるはずだ。

新発売の本に限ったことでもない。レビューを読んだら猛烈に読んでみたくなったノンフィクション、好きなアーティストが紹介していたエッセイ集、ツイッターでちらっと書名を見かけただけなのに気になって仕方がなくなった誰かの何か。本に、新しいも古いもきっとなくて、むしろ、古さや遅さこそが本の一番の強みだと思うときもある。１００年以上前にどこかの国で書かれた文章が、なにひとつ色あせず、完璧にビビッドでアクチュアルなものとして楽しめるなんて、本というのはなかなか、すごいものだ。

とにかく、読みたい本があるという状態は、とてもいい。とても心躍る。

それと同時に思う。「これ、どこで読もう？」と。

待ちに待った読書だ。せっかくなら、何にも遮られず、脅かされず、気持ちよく読みたい。とても楽しみな読書の時間を前にしたとき、どこで読むのかというのは重要な問いだと思う。とっておきの一冊を、人はいったいどこで読んでいるのだろうか。

まずはやはり、家だ。なんせ日々おこなうものだから、家で気持ちよく読めるようにすることはとても大事。僕も毎日家で読んでいる。店を閉めて帰宅して、安いウイスキーを飲みながら夜な夜なおこなう読書は、僕にとってたしかな日々の糧になっている。次の一日の労働を支えている。

ただ、「何にも邪魔されずただただこの本を楽しみたい、贅沢な時間として楽しみ尽くしたい」と、そう強く願うとき、家という場所はどこまでそれを叶えてくれるだろうか。難易度はけっこう高いのではないか。少しばかりシミュレーションしてみよう。フィクションです。

金曜夜6時、早々に仕事を片付けお先に失礼し、乗り換え駅でいったん外に出ると、愛すべき紀伊國屋書店新宿本店に寄った。いつもはふらふらといくらか売り場を回るものだが、今日はたったひとつの目当てがあった。まず間違いなくあるはずだとは思いつつ、もしこれで置かれていなかったら今夜の予定がすべてパーになってしまう。ブックファーストに向かえばいいのか？　でももしブックファーストにもなかったら……という先回りのパニックに陥りそうになりながら、その本が置かれるならばここであろうという場所に直行し、それは無事見つかり、手にし、すぐ会計。今日の俺はこれを読むんだ。

たちまち読み始めたくなるが、家に着くまではぐっと我慢。発売の報に触れた先月からずっと楽しみにしていた一冊だ。万全を期した状態で、最初のページを開きたい。

電車に揺られていると空腹を感じた。時間は7時。晩ご飯どうしよ。どこかに寄ってさくっと食べて、それから帰ろうか。でも、早く帰って読みたいし、急いで牛丼をかきこんでというのも、普段ならばそれもいいけれど、なんか違う。なんというかこう、この夜全体を、祝福された時間として過ごしたいんだよね。その夜に牛丼タイムが挟まるのって、ちょっと違うんだよね。贅沢言うようで悪いけど、なにせ、贅沢な気分で過ごしたい夜だから。となると、なんでなのかサンドウィッチが、浮かぶんだよね。オイルサーディンとか、そういうの挟んじゃったりして、もちろんビールも忘れずに。奮発しちゃって、ペールでエールなやつで決定ね。

　スーパーに寄ってあれやこれやを買い込んで、無事帰宅。さっそくサンドウィッチに取りかかる。野菜の水切りをしっかりするとべちゃっとした仕上がりにならない。上手にできました。

　ビールを冷蔵庫から取り、やっとソファに。長きにわたる試行錯誤を経て導き出されたサイドテーブルのベストポジション。上体を動かすことなくグラスに手を伸ばせる。ビールを一口飲み、さて、いざ――

　読み始めた。食べ始めた。ずいぶんお腹が減っていたのか、サンドウィッチはあっという間に平らげてしまった。ビールもみるみるうちに減っていく。物語は少しずつ進んでいく。まだまだ始まったばかりだけど、面白くなる予感しかない。たちまちビールがなくなった。本をそっと閉じ、腰を上げる。そういえば音楽を忘れていた。ナイスなミュージックを流したい。しかしその前にワンモアビール。

　冷蔵庫を前にすると、扉に吊っているホワイトボードに「ゴミ出し」と書かれているのが目に留まる。あそうだ、出しておかないと。さらにその下には「祝儀袋」とある。あ、そうだった！　あとでコンビニに行かないと。サンドウィッチをこしらえたときの洗い物もしておかないと。あれ？　今日中に洗濯しておかないと週明けに困るんだったっけ？　なんせ明日は終日外だし、明後日も休日出勤。

　洗濯機のスイッチを入れると、ビールを手にして定位置に戻る。あ、音楽。再び立ち上がり、再生。戻り、読書再開。今度こそ一本集中。しかし無情にも2本めのビールもみるみる減っていく。もう少し何かつまみたくもある。またつくるというのはさすがに面倒。冷蔵庫に何かあったかどうか。めぼしいものはたしかなかった。祝儀袋ついでにコンビニで買おうか。いやもう少し読んでから。このビールが終わったら。

　飲み終えて、酔っ払う前に用事を済ませておこうとゴミ出し、そしてコンビニへ。つまみと追加のビールも買い足して、部屋に戻る。信じがたいことに祝儀袋を買い忘れた。洗濯が終わっていた。干さねば。やっぱり乾燥機付きにするべきだった。洗濯物を干し終え、やっとソファに。これで本当に全部済んだ。さあじっくり、今度こそはじっくり。玄関から物音が聞こえる。え!?　今日は遅くなるって言ってなかったっけ!?

「おかえり～」

「ただいま～」

「おつかれさま～」

「お、なに、読書？　いいじゃんいいじゃん、優雅じゃんフライデー」

「そうなの優雅なの、てか今日飲み会じゃなかったっけ？」

「なでしこが来れなくなって、じゃあまたにしよっかって」

「あーなでしこちゃん。でもなでしこちゃん、復活したんだ？」

「うん、今週から、もうなんか、前より元気」

「無理しないといいよね、しがちだよね、なでしこって聞くといつまでも宮間あやが最初に浮かんでしまう」

「知らない」

「うん。でも残念だったね」

「なにが？」

「あ、飲み会、楽しみにしてたから朝」

「あー、ね、私は二人でもよかったんだけど、あつこはそういうとこ気にするでしょ、すまん～行けなくなった～って来たら残念！　じゃあまた今度だねって即で、またたく間に、というかＬＩＮＥ開いたときにはもうそうなってた、見たら秒だった、あそうか、ま、そっかって」

「そかそか、まあたまにはゆっくりするのもいいですよね。わりとビールあるけど飲む？」

「飲む飲む～。なんやかんや金曜やっぱ疲れた～中島ほんと殺したい～」

「おつかれおつかれ～～～我々は今週も立派に働いた～～～立派～～偉大～～」

「はいかんぱ～～～い」

妻との会話が、いつだって楽しみだった。彼女の止まらない言葉にあいづちを打ったり笑ったりしながら、とても満ち足りた気分になった。

二人でつまみながらビールを何本か空けると、彼女は「シャワー」と言って部屋から出ていった。すぐに読書を再開したが、気がついたらうとうとしていた。少し飲みすぎたかもしれない。しかし今日は、まだ眠りたくなかった。眠気覚ましのコーヒーを淹《い》れるべくお湯を沸かし、豆を挽く。豆はもちろんシングルオリジン。風呂から上がってきた妻は「眠れなくなるから私はいい」とのこと。リビングの椅子に座る妻が、コーヒーを淹れる背中に向けて話しかけてきて、僕は注がれるお湯の先の細かい茶色い泡を見ながらそれに応える。抽出が終わると彼女は、「明日早いしなんか疲れたしもう寝る。どうぞごゆっくりね。でも夜ふかししすぎちゃいけないよ」と言って、それから「あ、祝儀袋って買ってくれた?」と付け足した。顚末を話すと、「代わりにビール買ってきちゃったわけだ」と破顔。好きな表情だった。「まあ明日でいっか。楽しみだねえ、みはるちゃんの晴れ姿。見た瞬間に泣いちゃいそう。なんで?って笑われそう。じゃ、おやすみ」。そう言うと寝室に入っていった。

妹が明日結婚する。不思議な感覚だ。わりとずっと仲のいい兄妹で、彼女が成人し、それから働くようになると、定期的に仕事終わりに落ち合って飲むような間柄だった。それぞれの恋愛の話なんかもしたものだ。健人くんの話も出会ったときから聞いていた。一度は別れた二人がまたよりを戻して、信頼を築き直して、明日、式を挙げる。

「こんな結末を迎えるとはね。いや、はじまり、あるいは第2章の幕開け、か」

そうつぶやくと少し笑って、それから一口、コーヒーを飲んだ。

……いかがだろうか。なんとなく穏やかで幸福な夜を過ごしたということはわかった。よかった。

しかし、そもそもの目的である読書はどれだけできただろうか。ここには描かれなかったが、進んだのは20ページだった。

家での「ハレの読書」を完遂させるためには、越えなければならない障害が多くある。気の散る要素がありすぎる。生活が近くにありすぎる。お腹が減ったら（あるいは何か飲みたくなったら）そのたびに自分で用意しないといけないし、片付けもある。家の用事はいくらでもある。襲ってきた眠気に対しては抗うよりも受け入れるほうがずっとたやすい。一緒に暮らしている人があれば話しかけてくることもあろう。一人でいたとしてもテレビやパソコンが手招きをしてくる。誘惑は尽きない。

家は、いい場所だ。なによりも落ち着く。人目も気にしないで済むし、大きな安心感がある。「今日は夜ふかしして読んじゃうぞ」というウキウキした気分には、なにか子どもの頃のお泊まり会のときのような喜びがある。常に完璧に遂行されるのであれば、家以上の読書場所はないかもしれない。

しかし見てきたように、それは決して簡単なことではない。そうであるならば、他の選択肢も持っていたいところだ。特別な一冊と向き合う外せない読書の時間を、外す恐れなく過ごせる「本の読める場所」、それがほしい。

## 「本の読める場所」を求めて

本の読める場所。

それは一見、どこでも構わないようにも思える。「あいにく、うちは読書はお断りなんで」と言ってくる場所もほとんどなさそうに見える。これはありがたい。

そしてまた幸いなことに、読書は実に簡単な趣味で、ひとまずのところ読みたい本が手元にありさえすればおこなうことができる。本以外に必要な道具はないし、特別な知識や技術がなければ始められないということもない。もちろん知識や技術や経験によってこそ理解できる本もあるけれど、理解なんてどれだけのことだろう。さっぱりわからなくたって読むことはできるし、「まるでなにもわからなかったなあ」と思いながら読んだ本に書いてあったことがある日ふいに、「わわわ、このことだったか！」となる場合だってあるだろう。

これがたとえば登山であれば、まず靴や雨具などの道具が必要になる。知識や経験が浅い者には「行ってはいけない危険なルート」もあるだろう。読書には、そういった準備物や制約はない。

しかしそのお手軽さからだろうか、本を心地よく読むということもまたお手軽に見られがちだ。

「本を読むのなんて、どこでだって同じでしょ。自分の部屋でもそのへんのカフェでもどこでだって読めるでしょ」

しかし本当に、そんなに簡単なことだろうか。

本の世界に没入している状態というのは、けっこうデリケートなものだ。そこには映像も音もなく、文字を追うことを通してのみ立ち上がる世界（さらにそれは、これまでは見たことのなかった未知の世界だ）を、つかまえ、手放すまいとする状態。熱のこもったその内面とは裏腹に、読書をしている人というのは静かな存在でもある。やっていることといえば黙って紙を見つめているだけで、体の動きだけで考えたら瞑想とそう変わらない。これはわりと、無防備で脆い。瞑想がきっとそうであるように、何かを間違えれば、簡単に現実世界に引き戻されてしまうだろう。

どんな場所であれば本を快適に読み続けられるだろうか。ある場所が「本の読める場所」たりうるには、何が必要だろう。

それがなんであれ、ある場所を「何かに専念できる場所」として成立させるためにはそれぞれの要件がある。たとえばそれがパソコン仕事であれば、電源とＷｉＦｉは必須だろうし、タイピングしやすい机の高さであってほしい。画面を覗かれるのも嫌だし広げたいものもあるかもしれないから、一定のスペースも確保したい。それらなくしてパソコン作業に専念できる場所とは言えないはずだ。

読書にもそんな場所はあるだろうか。読書に用意されている環境は、どんなものだろう。どんなふうにして読書の時間は、気持ちのいいものになるように熟慮され、後押しされ、手助けされているだろうか。あるいは用意されているのはハードル設定の甘い、想像力の足りていない、解像度の粗い、真面目に考えられていない、見事なまでの鈍感さを露呈するものばかりだろうか。などと、始まる前から怒っていても仕方がない。

まずは足を運んでみよう。大本命がある。それは（拙訳ですが）「本のカフェ」と呼ばれる場所、つまり、ブックカフェだ。

第2章
# いったいなんなのか、ブックカフェ

## ブックカフェに行ってみた

「こんな落ち着いたカフェなら、コーヒー片手に思う存分本が読めちゃいますね」

「友だちとおしゃべりに花を咲かせるもよし、ゆっくり読書を楽しむもよし」

そんなフレーズを、雑誌であったり粗製濫造のまとめ記事であったりで目にすることがある。

「ブックカフェ」と称される店を紹介するときの常套句なのだろう。

思う存分本が読める。ゆっくり読書を楽しむもよし。本当にその通りであれば、それは理想郷かもしれない。そういうわけで、とあるブックカフェに行ってみた。


10年ぶりとかでふとまた読みたくなって読んでいたジャック・ケルアックの『オン・ザ・ロード』が面白くなってきたところで、続きをどんどん読みたい日だった。3時間か4時間、がっつりと本と向き合えたら最高だ……ウキウキした気分で駅から歩く。人気店ゆえ席待ちの列ができることも多々あるようだが、店の外で待つ時間も読書タイムと思えばそれすらも楽しみだった。

高層ビルの地下に続く階段を下りていく。すると幸い待っている人は見当たらず、どうやらすんなり入れそう。

と、扉の前に何やらの看板が出ていて、2時間制と書かれていた。「3時間か4時間」と思っていた矢先に突きつけられた時間制限。2時間制というのは他の店でもしばしば見かけるものだし、それこそ人気の店ならばしょうがないのだろう。ただ、悄然《しょうぜん》とする気持ちは隠せなかった。

もし何時間もコーヒー1杯で居座られたら店にも迷惑だろう、くらいの気持ちはもともと持っており（ディナータイムならばなおさらだろう）、そもそも自分にとってこれは楽しむべき夜だったから、おのずとコツコツと飲み食いするはずだった。それならば嫌な顔をされずにいさせてもらえるかな、と思っていたのだが、はなから時間が区切られていた。どれだけ単価が上がったところで、店が優先したいのはそれよりも多くの人にこの場所での時間を体験してもらうことなのだろう。しょうがない。

そんなことをあれこれ思いながら扉を押し開けて中に入ると大きな音のジャズが耳に流れ込んできて、若い、自分の外貌に一定の自信あるいは自覚がありそうな、非常に生きる勢いのありそうな女性がずんずんとやって来た。一人ですと伝えると、席に案内してくれた。

席に着くと今度は若い、自分の外貌に一定の自信あるいは自覚がありそうな、非常に生きる勢いのありそうな男性がずんずんとやって来てメニューを置きながら「2時間制でお願いしています」と告げてくれた。知っています。

オーダーを済ませると、店内を見渡した。

僕が通された席は壁を背中にしていてさらに一段高くなっている場所のため全体がよく見通せた。立派な観葉植物がいくつも置かれていたりドライと思しきフラワーが太い柱をデコレーションしていたりする。向こうの壁一面には大きな書棚があって、ぎっしりと本が並んでいる。客席はどれも複数人向けになっていて、みなわいわいと会話をして過ごしているようだった。大音量の音楽と人々の話し声が渾然一体となって空間を埋めている。暗いという印象はないがひとつひとつの照明は絞られていて、全体に「ムーディー」という言葉が浮かぶ、おしゃれな雰囲気になっている。

ほどなくしてガトーバスクとともに運ばれてきたホットコーヒーを一口すすると、リュックから本を取り出して、開いた。照明の角度のせいか、少し位置を間違えると簡単にページに影が落ちる。微調整し、落ちないポイントを探す。見つけ、文字を追う。

本の中ではニール・キャサディというずいぶん破天荒な人物がジャズのライブに大興奮してひたいから汗をほとばしらせながら、「いいね！　いいね！」と叫んでいた。今、この場所で流れている音楽もジャズだ。このジャンルにまるで明るくない僕にとってジャズはただジャズだから、小説の中、1940年代終わりのアメリカを生きる若者たちの前で演奏されている音楽と、今、僕の耳に流れ込む音を同じものとして、つまり小説の時空と今ここの時空を短絡的に同期させ、「いいね！　いいね！」と本を読んでいく。ページに落ちる影さえも、「これが世に言う〝アメリカの影〟というやつか……」などといい加減なことを思っているうちに気にならなくなる。

すると、「マジで！　え、それすごくない？」という伸びやかな女性の声がぶつかってきて、ハッとして顔を上げると二人の女性が僕のふたつ隣の席に案内されたところだった。彼女たちは案内されているあいだも座るあいだも決して会話を滞らせることなく、「ね、すごくない？」「えーだってローマ法王の実物でしょ？　すごーい！」などと愉快そうに話を続けている。僕は読書に夢中になってしばらくその存在を忘れていたコーヒーを口に含み、それからまだ手を付けていなかったガトーバスクをフォークでつつこうとした。それはたいへんに硬く、「つつく」という動詞ではまるで不十分な力の入れ方を要求された。とてもおいしかった。あっという間に食べ終えると、まったく「あっ」という間もないような間髪の入らなさで店の方がやって来て皿を下げていった。よく注意が行き届いていると思うのと同時に、待ち構えていたかのようなそのタイミングに、「見られていた」と思った。皿の上で弾け飛ぶガトーバスクにアワアワしながら食べていたのでやや恥ずかしい思い。

本に視線を戻す。車の中でキャサディは昨夜の演奏のことを話している。やつはアレをつかまえて、握ったら決して離さなかった。そんなことを言っている。

隣の女性たちはメニューを検討している、どうやらハンバーガーを頼むようだ、飲み物はどうしようか。

アレっていったいなんのことなんだ、ケルアックが質問した。私はグァバジュースかな、女は決断した。

そう訊かれてもなあ、キャサディはしばし考えていた。女たちはハンバーガーとジュースを頼んだ。音楽は先ほどよりも盛大なものになり、気になってShazamを立ち上げたがもはや聞き取り不能のようだった。7時を回って席もどんどん埋まっていって、店全体の音量が変わっていた。食事を注文する人が多いみたいだった。僕も何か食べたほうがいいのだろうか。一瞬そんな不安を感じた。比べたりって、しませんか？　女が問うた。

　しています、しちゃいます。しちゃいますよね、お互いに。今昔《こんじゃく》の恋人の話をしているようだ。今でもこれ見て見てーみたいな写真とか送っちゃうんだよね。え、今カレじゃなくて元カレにですか？　女たちのもとに、料理が運ばれてきた。キャサディはどうやら何かを説明しているらしい。アレについて。おいしそー！　シャッター音の連射。送っちゃえ！　送っちゃう！　ジュースにはストローが2本ついている。おそらく細いやつだろう。細くて黒くてぴったりくっついているタイプの、そういうストロー。きっとそうだ、そうに違いない。

　今付き合っている男性は笑顔がとてもかわいくて大好きなのだが、こんなことがあった。ある日、家に帰ると電気がつけっぱなしで、そして見慣れない女物のコートがソファに置かれていた。絶対に私のじゃないのね。彼女は家をそっと出ると車に戻って、運転席からずっと部屋を注視していた。それを聞いて僕は「車？　いったいどこで暮らしているんだろう？　東京ではないのかな？　東京で若い人で車を持ってそうそうないよな。だいぶリッチな方なのかな。あるいは俺が知らないだけで東京でも車持ってる人って意外に普通にいるのかな」と疑問に思った。でも、部屋を注視できる駐車場を想像してみると、それには広さが必要だ。入ったことがないからわからないが、タワーマンションとかの駐車場はきっと地下とかで、部屋を注視はできない！　注視自体は失敗に終わったのか、翌朝に問い詰めたところ白状したという。もうほんとありえないと思った。でも、と彼女は言った。でも好きだから戻っちゃったんだよ。え、戻ったんですか！　バカでしょ〜！　女たちは笑い合う。こういうことはもうやめてほしいと頼んだ。もうしませんと男は言った。それで済んだと思った私はバカだった。浮気相手は他にもいたのだった……。

　この間ずっと、目はページの上にあって文字を追い続けていたはずだが、相変わらず興奮状態のキャサディがしている話の内容など、もはやまったく頭に入ってこなくなってしまった。「女物のコート！　いいね！」キャサディが言っているのは、こんなことだっけ？　不意に諦めの気分がやってきて、顔を上げた。

　たくさんの人が働いていた。どの人も若く、自分の外貌に一定の自信あるいは自覚がありそうな、非常に生きる勢いがありそうな人たちだった。スタッフ同士で仲も良く、グループＬＩＮＥは常に活発。仕事のあとに飲みに行くのは日常茶飯事だったし、春は花見、夏は海水浴とバーベキュー、秋は紅葉狩りで冬はスノーボードとイベント尽くしだった。

客席は大方埋まったようだ。さすがの人気店。2時間制というのも納得せざるを得ない。僕なんかを入れてくださっただけ御の字、大感謝、そんな卑屈な思いがもたげる。どの人たちも楽しそうだ。あちこちで繰り広げられる談笑、談笑、談笑。その中に、本を開いている男がいることに気づいた。とっさに浮かんだのは「場違い」という言葉だった。とても場違いな過ごし方に見えた。寂しい、孤独な光景に思えた。

「あなたはここでいったい何をしているんですか？」

問いただしたくなった。すぐに、自分もまたまったく同じ身であることに思い至る。薄ら笑いが浮かんだ。出ようかな、と思った。時間を見ると入ってからまだ1時間も経っていなかった。

レジで会計を済ますと、最後の勇気を振り絞って「本棚を見てもいいですか」とうかがった。快諾してくださったので本棚に向かう。座っているときも本を見に行こうかと思ったタイミングがあったのだが、後にも先にも誰も本棚の前に立っている人を見かけなかったため躊躇していた。トイレに立つふりをして棚の前を通ってみようかとも考えたが、なんとなく気後れしてできなかった。

　壁一面に設えられた大きな本棚のすぐわきが客席になっていてうろうろするスペースはあまりなく、リュックを背負った僕はそろりそろりと本の背表紙を見て進んだ。後ろの席の人から「こいつは人の席のそばで何をやっているんだ」と怪訝に思われはしないだろうか、そもそも邪魔に思われはしないだろうかと気が気でなく、独特な分類も面白かったし、その中で興味を惹かれるタイトルもいくつもあったが、何かぐったりとした疲れに包まれてしまい、本を買う気にはとてもなれなかった。奥まで行くと引き返して、食い逃げだと誰かに誤解されなければいいなと妙な心配をしながら、そう見えないように努めて堂々とすることを意識しながら、店をあとにした。誰も何も言ってこなかった。「あ、ちょいとあなた」も、礼の言葉も。


　夜の、キラキラと光り輝く街が目の前にあった。深呼吸をした。行き交う人々は楽しげで、僕は空腹を感じた。喉が渇いていた。餃子か唐揚げが食べたくなった。ビールが飲みたくなった。それらを果たせる店に行こうと思って、うつむいて調べ始めた。

「いいね！　いいね！」

キャサディのはしゃいだ声が頭の中でうつろに響き続けている。路上にひとり、僕は立っていた。

## さまざまな読めなさの原因

大本命、散々でした、という結果に終わったわけだが、この「読めない」体験にはいくつものヒントがあったはずだ。何事も前向きに捉え、学び・気づきを得る契機としたい。さて、いったい何が読めなさの原因だったただろうか。

まずは時間制限だ。2時間という制限は、食事と少しのおしゃべりが目的であれば十分かもしれないが、ゆっくり本を読みたい身としては、なかなかタイトなものだ。そもそも自分がしようと思っていた過ごし方は歓迎されないものなのだと店先で突きつけられたわけで、「望まれざる客」と言われて好ましい気分でいるのも難しい話だ。

回転が大事なのはよくわかる。必要な売上を上げなくては事業は続けられない。

でももし、その客が、必要としている単価の倍の飲み食いをする意思を持っていたとしたら？

僕とて、すでに書いたように何もコーヒー1杯で何時間も居座るつもりなどは、もとよりなかった。そもそも自分にとってこれは贅沢に楽しむべき夜だったから、おのずとコツコツ飲み食いするはずだった。コーヒーとスイーツで始めて、ハンバーガーを頼んで、お酒を飲んで、また何かをつまんで、興と調子に乗ってまたお酒を頼んで……そう予定している客にも、やはり2時間で出てもらいたいのだろうか。それに、「コーヒー1杯で何時間も居座る」と書いたが、そういう人たち全員が、本当に敵視しなくてはいけない存在なんだろうか。そういう人たちの全員が、お金をケチりたいからその過ごし方を選択した、と本当に言えるのだろうか？

とにかく、時間制限は「どっぷり読む」とは相性がよくない。コチコチと鳴る時計の音は没頭とは相容れない。

それから、照明。

ムーディーなライティングは、読書を考慮したものでは到底なかった。輝度の低さは必ずしも重大な問題ではないかもしれない。それよりも光を落とす角度だ。これが本を読みたい者にとっては障害となった。どうしても影ができる。いい姿勢を探しても、影ができないポジションのほうがずっと少ない。ページ上をちらつく影は集中の状態からいちいち意識を引き剝がす。一度でも本を読む状態のシミュレーションをしていたら、こういう照明にはできないはずだ。

そしてもちろん、人の話し声。

すぐ近くで話し声が発生するまでのあいだは、読書はそれなりに快適に進められていた。大音量の音楽と無数の話し声による空間全体を覆うノイズは、むしろ瞑想状態をつくり出すような心地よささえあると感じた。しかし、話し声がはっきりと言葉として聞こえてきちゃうともうダメだ。

え、今、車って言ってましたけど、どこに住んでるんですか？

結局、よりを戻しちゃったんですか？

それであなたは今、幸せですか？

幸せっていったい、なんなんでしょう？

こうなったらもうおしまいだ。

実は途中でもう一組が来て隣に座るということが起きていた。僕の席と女性二人組のあいだで、寡黙そうな二人だったためこれはいい緩衝材になるかな、と一度は期待した。だが、オーダーの際に男性が「この中で一番量が多いメニューってどれですか？」という質問を発したことで僕はすっかり面白くなってしまって、あまりしゃべらないながらも、それからは一言一言に聞き耳を立ててしまった。上司と部下のようだった。「そんなにセブ島が好きなんだ？」「そうですねえ、大好きですねえ」と言っていた。

「人の声が気になって本が読めない」という不満に対するアドバイスとして最も容易かつ的確なのは、「イヤホンすれば？」であろう。それは正しい。お気に入りの音楽で耳を塞いで、声を遮断する。有効な手立てだ。でも、正しさとうれしさは必ずしも両立しない。イヤホンをしたくないときが、僕にはある。至近距離から流れてくる音を聞くのではなく、空間全体の音の中にいたいときがあって、その感覚は年を重ねるごとに強まっている。固有の音楽を聞きながらというよりはもっと、漠然とした音環境の中にいたい、というような。

　まったく個人的な欲求であることは重々承知しているし、早々にイヤホンをしていればよかったと、反省している。ただ、二人組のおしゃべりが始まるまではイヤホンをする必要もなかったということ、これもまた確かな事実だ。

　わかってる。「そんなのは知ったことかよ」という話をしていることはよくわかっている。わかってはいるんだけど、ブックのカフェで僕は、気持ちよく本を読みたかっただけなんだ……。

でも、ここで挙げてみた長居の禁止、読みづらい照明、人の話し声、これらはいずれも、「読めなさ」にとってもしかしたら副次的なものなのかもしれない。

いや、ひとつひとつが具体的に読書を妨げる要素だったが、本質的ではないのかもしれない。

では、本質的な「読めなさ」の原因とは、いったい——

底なしの孤独。

その場で僕が感じていた底なしの孤独、これこそが、本を読めなかった最大の理由なのかもしれない。

## 底なしの孤独

一人でいるときよりも、人と一緒のときのほうがよっぽど孤独だ、というときがある。

自分がそこにいることを許された存在なのか確信が持てなくなるとき、そうなりがちかもしれない。みんなが楽しそうに過ごしている大勢の飲み会ではたいてい、そう感じる。自意識過剰だろうけれど、他者といることで自分の存在への意識が際立ち、うまく振る舞えない自分の脆弱さが際立ち、情けない孤立が際立つ。誰からも自分の存在を許してもらえないと感じるとき、誰からも自分の存在を勇気づけてもらえないと感じるとき、誰からも自分の存在を肯定してもらえないと感じるとき、しんどい。

一人なんてなんでもないけれど、「独り」を感じるのは身にこたえる。

ブックカフェで僕が味わったのはそういう「独り」の感覚に近かった。たくさん並ぶテーブルのひとつに僕と同じように一人で本を読んでいる人の姿を見つけたとき、ぞっとした。

一人で過ごしている人なんて他にいなかった。見渡す限りどの人たちも、にぎやかに話に花を咲かせ、食べたり飲んだりに興じている。デートであるとか女子会であるとか、そういうことが各席でおこなわれている。その華やいだ空間の中で、本を読む一人客である僕や彼は、なんというか、珍品だった。

また、店という空間において、客に孤独を感じさせたり、反対に勇気を与えたりするのは、その場を構成する他の客だけじゃない。そこで働く人たちの振る舞いや様子も、決して小さくない影響力を持っている。

その店のスタッフは、どの人もなんというか強そうだな、というのが僕が受けた印象で、この「強い」の読みは「つよい」でも「こわい」でも構わない。なんの勝負をおこなえばいいのかは定かではないが、戦ったら負けそうに感じた。だいたいどんな勝負をしても負けそうだったし、僕がどうにか勝てそうな土俵——たとえば「ラテンアメリカ小説のタイトルで山手線ゲーム」とか——で戦おうにも、その提案をした時点で笑われて敗北を喫することは間違いなかった。また、もし応じてくれたとしても、緊張で頭が真っ白になって僕が負ける可能性もあった。

まったくただの偏見でしかないのだが、「この人たちは、自分たちが働いている空間にたくさんの本が並んでいるということに対して、どんな興味もないんじゃないか」とも思った。憶測というものは実になめらかに進む。「この場で本を読んで過ごす客に対しても、冷笑以外の気分を持っていないのではないか」

バックヤードでは「Ａ５卓？　あのなんか読んでる客？」と言っている。

「読書家の高尚な御仁？」

「ゴジンてw　言う人初めて聞いたwww　ゴジンてwww」

せせら笑う声が聞こえてくるようだ。

ただそれも、いささか自虐的にすぎる想像かもしれない。こんな場合だって、考えられるじゃないか。

「本読んでるあの客さ～、なんか大きめハードカバーで、なに読んでんだろうと思って、そしたらちらっと見えてケルアックの『オン・ザ・ロード』で、見たことないジャケと思って」

「河出の全集の改訳のやつじゃなくて？　ピンクとかの」

「だったらすぐわかりますからw　じゃなくてスクロール版てやつで、調べてみたら出た時期同じくらいで全集と。訳者も同じく南たんなんだけど」

「みなみたん？」

「青山南」

「みなみたんてw　言う人初めて聞いたwww　みなみたんてwww」

「そ？　でケルアックがタイプ打ちしたガーっと1枚ペラで続く登場人物全員実名バージョンがあるらしくてこれヤバくない？」

「ヤバいw」

「そんでジャケかっこいいなと思ったら緒方修一。納得のかっこよさ」

「気になるw」

「ね、明日ジュンク行って探してみるわ」


こんな可能性も、たしかにある。

でも、この空間を構成する人たちのありようは、客にしてもスタッフの人たちにしても、「本を読む」という行為を肯定し勇気づけ後押ししてくれるものではいささかもなかった。そしてまた、すでに述べたように、長居の禁止や、読みづらい照明や、人の話し声、そういった要素の全部が絡まって、本を読む人間に対して、

「何してんの？　あんたここで何してんの？」

と伝えてくるようだった。

まさか、大本命だと思っていたブックのカフェで、ブックを楽しもうという過ごし方がこんなにも異質な、想定されていない、場違いなものになるとは思ってもみなかった。その期待とのギャップも相まって、すべての要素が突きつけてくる「あんたのための場所じゃない」というメッセージが、僕の過ごす時間を、まったき底なしの孤独に突き落としたと言ったら、さすがに言いすぎだろうか。

「言いすぎだ」という声が聞こえてくる。「その文句にどれだけ正当性があると思っている？」という声が聞こえてくる。「気持ちよく読書をしたいというあなたの個人的な欲求にどうして応えなければいけないと思っている？」という声が聞こえてくる。「そもそもここは――」

そもそもここは、ブックカフェじゃなかったのか？　というか、ブックカフェとは、いったいなんなんだ？

## そもそも「ブックカフェ」とは

手元にちょうどいいものがあった。ブックカフェ特集の雑誌だ。リード文を見てみれば、そこにあるのは「本にぴたりと寄り添って……思わず長居したくなるような……椅子に深く腰掛けて……一杯のコーヒーと一冊の本を手に……」というような、ブックカフェリサーチを重ねつつある者にとっては見慣れた、常套の言葉たちだ。この文章が描き出している光景は、傍らにコーヒーを置いて、ゆっくりゆっくり、読書に没頭している、そういうものだ。

やはり、読める場所ということだろうか。

公式の見解はどうなっているだろう。「日本ブックカフェ協会」という組織の定義によると、「カフェと本屋が合体」し、「本棚に並ぶ本を自由に手に取り読むことができ」、本は「購入できる（「閲覧のみのカフェ」もあり）とのことだ。

次に「なぜブックカフェが「生まれた」のか？」という項目。

> 現在の日本では年間7万点から8万点が出版されています。同時にネット社会が進化して、膨大な情報に誰でもいつでも簡単にアクセスできる時代になりました。膨大な出版物や情報にあふれる一方で、書店に並んでいる本はどこも同じような品揃えの店が多く、何となく物足りない。自分の関心のあるテーマや趣味、嗜好にあった店に行きたいというニーズからブックカフェが生まれました。
>
> 日本ブックカフェ協会ホームページ「ブックカフェとは」

「書店はどこも同じで退屈だが、ブックカフェなら、自分の嗜好に合った本を見つけることができる」ということなのだろうか。理路がわからない。書店は怒ってみてもいいかもしれない。

ともあれ、ブックカフェの主たる機能のひとつは「本と出会う」ということにあるようだ。

　それから「なぜブックカフェが「増えている」のか？」。全国的な書店数の減少に触れたあと、唐突に「もうひとつは希薄になりつつある人間関係と孤独です」と続く。

〔…〕現代は「個」というものが重視される時代です。家庭や学校、会社組織においても「個性」を伸ばすということが盛んに言われています。それ自体はいいことだと思いますが、一方で人間関係が表面的で希薄なものになってきています。ネット社会になり「つながる」時代になってきたと言われていますが本当に「つながっている」のでしょうか？　人は一人では生きていけません。ファーストプレイスである「家庭」、セカンドプレイスの「職場」に加えてサードプレイスとして「ブックカフェ」のニーズが高まってきています。このような時代の変化が「ブックカフェ」の増加につながっていると考えられます。本とカフェは相性がいいことと小資本で開業できることもブックカフェが「増えている」大きな要因のひとつです。

同前

人と人とのつながりを取り戻す必要がある。それはわかった。でも、だからといって、そのための「サードプレイス」が「ブックカフェ」である必然性はわからないし、強引で飛躍のある説明だとは思うが、本好き同士でつながりたいという人たちが存在することは理解できる。

まとめると、ブックカフェとは「本のあるカフェ」のことで、主だった機能は「本と出会う」「人とつながる」ということだった。「本を読む」という言葉はここにはない。ブックカフェには「本を読む」という機能はないのか。それとも、言わずもがなのものとして内包されているのか。

## 「本と出会う」が隠すもの

本との出会い方。読んでいる本の中で言及されていて。好きな作家が影響を受けた作品として挙げていて。ツイッターで見かけて。あるいは知人友人から教わって。僕に関していえばそんな出会い方が多いだろうか。

他にもウェブ上の書評記事や新聞の書評欄で知る人も多いだろうし、雑誌のカルチャーページを大切な情報源としている人もいるだろう。あるいは読書メーターなどの本に特化したウェブサービスで、趣味が合いそうなユーザーをフォローして、その人の本棚に登録されている本から選ぶ人もいれば、Amazonの「この商品を買った人はこんな商品も買っています」から次に読む本を決める人もいるだろう。出会い方はたくさん用意されている。

もちろん書店での出会いは格別だ。目的の本とは別に、まるで思いもしなかった本と目が合い、「呼ばれた」というおかしな気分に見舞われて手に取るあの体験は、やはり実店舗ならではのものだ。それに単純に、本棚というインターフェースの一覧性はかなり強力で、今のところ、あれだけの情報量を一挙に与えてくれる形は、ウェブでは実装不可能なのではないか。書店は尊い。

しかし単に、本と出会う、未知の本を知る、その体験を提供したい、ということだけを考えるならば、実店舗を持つことは必然的に導き出される判断では特にないし、ましてやそれがブックカフェ開業である必然性なんてどこにもないように見える。

ブックカフェが憎くてこんなことを言っているのではない。そうではなく、協会による公式見解に違和感を持っているからだ。「本と出会う」「書店の減少を補う役割を担う」「画一化されていない品揃えへのニーズに応える」……あたかも出版不況への対抗や地域社会への貢献といった、ずいぶん大義のあるものとして書かれているけれど、そんなのって本当だろうかと思う。きれいな言葉でまとめているだけじゃないか、と思う。

もちろんそういった使命感を持って「ブックカフェ」を開業する人もいるだろうけれども、「本と出会う」という役割と本当に真摯に向き合う気のある人だったら、書店の開業を目指すのがやはり自然ではないか。カフェ併設という形を採用するにしても、書店としての機能により重きを置いたものになるのが自然ではないだろうか。ではなぜブックカフェなのか。

「自分らしく、働きたいな」↓「お店とかかな」↓「カフェとかかな」↓「どうせなら好きなものを置きたいよね」↓「本が好きだな」↓「じゃあ本を並べようかな」↓「ブックカフェになった！」

案外、こんなところではないか。たとえそうだとして、僕はそれを揶揄するつもりはない。僕自身がこの感覚を持っているし、なんせ、本が並んでいる風景というのはやはり、とても素敵なものだからだ。

# 本のある風景

本のある風景はとてもいい。本がわーっと並べられた風景を前にすると、安心する。気持ちがほっとあたたまる。同時に、ワクワクと心が躍り立つ。

この「本のある風景はなんか素敵」という意識はおそらく、本を読む読まないに関係なく、それなりに広く共有されているものであるはずだ。

件《くだん》のブックカフェでも本はすばらしく効果的なインテリアとして輝きを放っていたし、なんといっても、女子会やデートといった用途で使われているおしゃれでかっこいい店が大事な壁の一面を費やしているのだから、そういうシーンに見合った、いい見栄えのものとして受け入れられているのだろう。

また、代官山の「蔦屋書店」は、優雅な顔をした人たちが犬の散歩の途中で休憩をしたり、余裕がありそうな顔をした人たちがノートパソコンを広げたりしている。彼らは並ぶ本を見たり買ったりすることが目的なのではなく、この空間で気持ちのいい時間を過ごしたい、という人たちに見える。実際、建物の中にいても外にいてもどこからでも本棚が見えて、もっと言えば屋外にいながらにして本に囲まれているような感覚にもなる。さながら「本のある庭」というふうで、気分がいい。

この「本のある風景はなんか素敵」をさらに突き進めると、「もはや本ですらなくていい」にまで行けてしまうことを見せてくれた事例もある。また蔦屋絡みだが、２０１７年、「カルチュア・コンビニエンス・クラブ（ＣＣＣ）」が空間プロデュースおよび運営を担う公立図書館が、数万冊のダミー本および貸出も閲覧もできない大量の洋書を購入したとニュースになった。ネット上では激しく非難されたり呆れられたりしていた。このときに自治体の担当部署からなされたという説明に、「本に囲まれた圧倒的な空間づくりのため」とあったが、「本っぽければもう、かっこいいんで、別に本じゃなくていいと思うんすよ！　なので、今回はひとつダミー本で行きましょう！　バーっと、ダミー本、かっこいいと思うなあ！」という意思決定の場面をこの目でぜひ見てみたかったと思った、愉快な出来事だった。

ともあれ、本を読もうと読むまいと、本のある風景は広く、気分のいいものとして楽しまれていると言って差し支えないだろう。

この気分のよさのひとつの理由は言うまでもなく「なんだか知的な雰囲気がする」というところで、ことさら説明を加える必要もない。ひとつ加えてみるとすれば、「書架」と口にしてみたとき、自分が知的な存在になれた感じがする、あの感じだ。

もうひとつとして僕が思うのは、ひとつの面、ひとつのかたまりになった本というのはもしかしたら、海の波であるとか草木であるとか花々であるとか、自然が見せる風景に近い存在になるのではないかということだ。共通しているのは、「そこには無限のパターンがある」ということだ。

本の背というのは実に多彩だ。言うまでもなくそこに印刷された文字は本のタイトルごとにすべて違うし、使われているフォントも文字の大きさも、紙の種類も色もそれぞれに異なる。経年による微妙な変化だってある。それに厚さも違えば高さだっていろいろとある（CDやレコードと違うのはこの部分だと思う。また、CDは低すぎるし、レコードは薄すぎる）。

一冊一冊がかくも異なる本というものが一定以上の集まりになったときに現れるのは完全に唯一無二の風景で、まったく同じものを別の場所でつくり出すことはまずできない。まったく同じように再現することができないものは、だんだんと自然物に近づくのではないか。

自然というのは、たいてい、みんな好き。空間を装飾するためのアイテムとして、こんなに簡単に自然の持つ無限性に近づける人工物は他にはそうないのではないか。まったく手軽に、まったく差別化された素敵な風景をつくることができる。仮に昨今ブックカフェというものが増えているとするならば、これこそがその小さくない理由のひとつになるのではないだろうか。

それにまた、もちろん、伝えたい価値観なり世界観なりがあるときに、適切な本の選定・配置ができたら、本棚はそのメッセージを伝え、補強する手段にだってなる。本はすごいぞ。

## おしゃれアイテムとして本を扱うなんて

こういうことを言っていると、しかめっ面、怪訝そうな目、心配げな顔つきをしてくる人が必ずいる。本の本分は読まれることであり、空間演出のためのアイテムなどでは断じてない。本に対して、作者に対して、読者に対して、失礼ではないか。

無論、ひとりひとりが本と向き合う切実さや真摯さを軽んじる思いはどこにもないし、僕自身、本といえばまずなによりも読むためのものだ。でも、ある人々によって「素敵な風景として眺められて終わる」ことが真面目に読みたい人の切実な読書を侵さない限りにおいては、言い換えれば本とのチャラい関わりがガチの読書を侵さない限りにおいては、僕はもっともっとチャラい可能性が開かれていけばいいと考えている。もっともっとおしゃれであるとか便利であるとか勝手のよいものとして利用されていけばいい。だから、「ブックカフェ」であれなんであれ、本が並べられた場所が増えていくということに対しては、（本が本としてちゃんと敬意を持たれて扱われていることを前提にするならば）肯定以外の気持ちがない。

本がよりさまざまなところに置かれ、それが意図されたものであれたいした目的意識もないものであれ、本との偶発的な出会いがより多く創出されていく世界は、僕が思うに、より豊かな世界だ。本が、今よりももっとおしゃれでポップでクールなものになって、それを持つ人が今よりももっとなにかクールな存在として眼差される、そんなアイテムになっていったら、「それはなんだかシンプルに歓迎していいことなんじゃないの？」と思っている。

僕はたとえば「スケボー」というと「あ、なんかかっこいい」と感じるのだけど、たとえば「ボルダリング」というと「あ、なんか充実してそう」と感じるのだけど、本も何かしらそういうものに近づいていったらいい。それで今よりも多くの人にとって本が身近な存在になり、今よりも多くの人が本を読むようになったらいい。入り口のハードルは下がれば下がるほどいい。

自分には縁のないようなおしゃれな感じの雑誌で読書や本屋の特集が組まれているのを見かけると、いいじゃんいいじゃん、と思う。誰でもいいけれど、星野源や蒼井優みたいな人たちや、読書芸人であるとかの大きな影響力を持っている人たちが、「この本が好きなんですよね」だとか「この本に影響を受けて」だとか言ってみせることは、本を取り巻く世界にとってただただポジティブな、いいことだと思う。僕が高校時代にナンバーガールに熱狂して、歌詞やタイトルから知って坂口安吾や萩原朔太郎の小説を、林静一の漫画を読んでみたような、そういうことがたくさんの場所でたくさんの人に起こったらいい。

そういうものの積み重ね、刷り込みの継続によって、本であるとか読書であるとかのイメージが今よりも明るいキャッチーなものになっていったらとてもいい。「それで誰が損をする？」という気持ちがある。

それはなにも、「読書はすばらしい。だからより多くの人がするべきだ！」なんていうことではなく、極めて利己的な理由でしかない。

本を読み続けて本に人生を支えられてきた者として、これからもたくさんの本を読み続け本に人生を支えてもらいたいから。そのためにもこれからも本がたくさん出版され続けてほしいから。本を売る場所にあり続けてほしいから。というそれだけだ。好きな本をつくってくれる出版社が消えるのは悲しいし、好きな作家が十分な収入を得られないなんて悔しい。よく行く書店がなくなるなんて聞きたくない。それは僕にとって完全に損失。そういう損失や喪失を味わわないで済むためにも、今よりも多くの人が本を読むようになって、本というジャンル全体に流れ込むお金の量が増えたほうが、僕たち読書ファンにとっても何かしらいいことになっていく（悪いことにならないでくれる）んじゃないかと素朴に思っている。素朴すぎるだろうか。そうかもしれない。でも少なくとも、本というものを何か高尚な、限られた人だけが享受するものだと考える、排除の身振りを伴う、選民的な、総じて内側に閉じられた態度よりも、ずっとずっと健康的だと僕はわりと信じている。

ところで、本にまつわる言説の中で、明るくキャッチーでおしゃれで愉快な読書の対極にある、僕が強い嫌悪感を覚えるものがあって、それは「読書離れを憂う」という類いの話だ。憤懣やるかたない（ブックカフェの話からだいぶ離れてきたぞ……！）。

## 人の読書離れを憂うな

若者の読書離れが深刻です。

よく聞く話だ。聞くたびにげんなりした気持ちになるし、飽きることなく強い憤りを覚える。本を1カ月に1冊も読まない大学生がこんなにいます……この数値は10年前の調査と比べて10%高くなっています……原因はスマートフォンなど情報機器の普及でしょうか……たいへん嘆かわしいことです……。

こういう言説が成立する背景には、読書というものを、「有益で、立派で、すべきおこない」とする認識のモードがわりと広くあるのだと思う。

もちろん本というものが必要な知識を得るために読まれる場合があることはまったく否定しないけれど、「読書が好きなんです、読書が趣味なんです」という人にとってそれは、そう、趣味だ。娯楽であり、喜びだ。

読書が趣味の人にとって読書はあくまで趣味であって、たくさんの可能性の中から選択されたひとつの趣味以上の何ものでもない。アニメ鑑賞でも映画鑑賞でも編み物でもアウトドアでもなんでもいいけれど、その趣味を持つ当事者の人生にとってそれが重要なものであるのとまったく同じ意味で重要なだけであって、その趣味を持つ当事者がその趣味を持たない人に対して、「アニメを観（映画を観／編み物をし／キャンプをしてチャイをつくって寒空の下で仲間たちとチルな時間を過ごさ）ないなんて由々しきことだ」と嘆くことがバカバカしいのとまったく同じ意味で、「読書をしないなんて由々しきことだ」と嘆くことはバカバカしい。

それなのに読書というものは、どうしてだかこういう扱い方をされやすい。あたかも大切なもの、どの人もすべきもの、そういう前提で問題を立てられやすい。

たとえば文化庁が実施している「国語に関する世論調査」（平成30年度）を見ると「読書をすることの良いところは何だと思うか？」という問いが発せられていて、そして最も多くの人が選んだ答えが「新しい知識や情報を得られること」になっている。

これなんかは、問いを発する側も答える側も、「読書とは、誰もがすべき、大切なものだ」という神話に支配されているようにしか思えない。そしてその読書人口が減少している事実を持ってきて、「新しい知識や情報を得られる」大切な読書から人が離れている、これは由々しい、そう言ってメディアなどは憂う。本当にバカバカしい。他の趣味に対しても同じことを言ってみてもらいたい。

「アニメを観ることの良いところは？」

「編み物人口が減っている……」

繰り返すが、読書によって知識や情報に限らず新たな学びや気づきや教訓を得ることはある。

しかしそれは他のあらゆる趣味がその実践によって新たな学びや気づきや教訓を得ることがあ

るのとまったく同様に、ある、というただそれだけだ。それ以上でもそれ以下でもない。


読書を特権化してはいけない。

こんなのは僕らの実感——今ここで僕は勝手に「読書が趣味です」という人全体を「僕ら」という言葉で暴力的にくくってしまったのですが——からは大きくかけ離れている。

読書は楽しい、だからする。

読書は心躍る、だからする。

「良いところ」とかではない。好きなんだ。どうにか生き続けていくために、なくてはならないものなんだ。かけがえのない大切な趣味なんだ。

本というもの、読書という行為に対して愛と敬意のない人間だけが発することのできる問い、嘆き、そんなものはクソ食らえだ。あるいは犬にでも食わせておけ。犬には本当に申し訳ない。犬に謝れ。

それに、（あくまで利己的な理由から）本というものがよりポップでよりクールなものになっていけばいいのにと思っている人間としては、こういった論調は本および読書のイメージ向上を邪魔するものでしかないので積極的に有害だ。

それはどうやら「良いこと」らしい……新しい知識や情報を得るために触れるものらしい……でもそれに触れる若者たちが減っているということで憂い嘆かれている……そのわりに憂い嘆いている年長者たちの読書人口も減っている……「しろ、しろ」と言う人間がしていなくて、する人が減っていて、しかしすべきもの、なんていうものごとに人が引き寄せられるわけがない。引き寄せられるのはワクワクや欲望を感じたときだろう。無駄な嘆きの姿は本来ある魅力すら削り取る。本当に迷惑。

笑顔を、見せなさいよ。憂い嘆く前に、楽しむ姿を見せなさいよ。楽しく読む姿を見せなさいよ。嘆くにしても、せめてそれを徹底的にやってからにしなさいよ。それができないんだったら頼むからそのろくでもない口を閉ざしなさいよと、おためごかしの不真面目で深刻な憂い顔みたいなものを見かけるたびに僕は、いつも、「さすがにちょっと怒りすぎなのでは？」というくらいに憤っている。

## 談話のないところに生命はない（サードプレイスは地獄）

さて、本論に戻ろう（少し脇道にそれて本の論になっていました）。ブックカフェとはなんたるかだ。

ブックカフェのふたつめの機能、「人とつながる」、つまりサードプレイスとしてのブックカフェということらしいが、考えるまでもないだろう。そんな場所が本を読むことに重きを置いていないのは言うまでもない。

というか、「サードプレイスサードプレイス」ってみなさんわりと気軽に言いますけど、あれはたいてい、地獄だ、ということだけ指摘してこの話は片付けたい。

現在の日本では「サードプレイス」というと、家でも職場でもなく、「ほっと自分に還れる場所」というようなイメージが強くなっている感があるが、社会学者レイ・オルデンバーグが唱えているところは、まったくそんな安穏としたものではない。ホイップたっぷりのココアを両手で持ってふーふーするとかそんな場所ではない。彼が言っているのはこういうことだからね。

「談話のないところに生命はないのだ」……「冷やかし、ばかばかしさ、決着のつかない言い合い、ジョーク、からかい」……「サードプレイス内で生まれるユーモアや笑い」……「さあ元気を出せよ、楽しむためにここに来たんじゃないか。一緒にやろう！」……

もうこれだけで疲れる。弱い笑いしか出てこない。げっそりとした気持ちになる。

僕がオルデンバーグの著書から学んだところでは、サードプレイスとは、酒を飲みながら本を読もうと喜び勇んで店に入るなり知った顔がいて握手をしたり肩に手を回したりハグをしたりしながら「ワッツアップ、メン？」と言われてなんと答えるのかわからないが何か答えて、それから大きなジョッキのビールが出てきてカウンターで立ちながら男二人、振り返り見る視線の先には女がいてたぶんビリヤードをしていて、「いつ見てもあのケツは本当にたまんねえな」と舌なめずりをして、尻に引き寄せられたかのように彼らもビリヤード台に移動してゴージャスな女をチラチラ見ながら球撞《つ》きをして、するとどうしてだろう、しばしば目が合う。それどころか笑顔をこちらに向けさえしてくれる。「何これもしかしてワンチャンあんの……？」と思うがそんなうまい話はなくてアメフト部とかのウィリーとかが勢いよく入ってきてジェニファーの腰を抱いて熱烈なキスをすると二人で出て行く。

儚い期待はもろくも消え失せ、大げさに肩をすくめてからビールをもう一杯飲んでさてそろそろ帰ろうかなというところでジェニファーが一人で戻ってきた。ショートパンツとタンクトップ姿の体全体にうっすら傷を負いながら、泣き叫びながら戻ってきた。「外に……外に……」と言っている。「ウィリーが……ウィリーが……あいつらに……」と震えながら言っている。どうやら何かが起こったらしかった……と、そのとき。窓ガラスの割れる音。店内に響きわたる悲鳴。まさかあれは……という、そういう場所だ。

読書はいったいどうしちゃったんだよ！

## 「本のある」と「本の読める」は無関係

さて、これで考察は十分に深まったはずだ。「ブックカフェ」は本を読むことに適した場所なのかどうか。結論はこのようになると言わざるを得ない。つまり、

「ブックカフェは他の場所で本が読めなかったりするのと同じように本が読めない」

あるいは

「ブックカフェは他の場所で本が読めたりするのと同じように本が読める」

明快な結論のつもりだったが、むしろわかりづらいかもしれない……。どういうことかといえば、「ブックカフェ」が意味するのは「本のあるカフェ」ということだけであり、それ自体に「読む」に対する態度が含まれているわけではない、ということだ。「ブック」は「リーディング」については何も語らない。「ブックカフェ」という呼び名は、心地よい読書時間の提供を約束する、あるいはそれを理想として掲げる、そういう場所を指すものではまるでない。

だから、「ブックカフェ」の中には、本の読める店もあるだろうし、読めるときもある店もあるだろうし、はなから読ませる気などない店もあるだろう。

つまり、「本のある場所」と「本の読める場所」は、まったくの別物だ。

それなのに、どうしてだろうか、「ブックカフェ」と聞くとつい、「お、ブックカフェですか。今度本を読みに行ってみようかな」と思いそうになるところがある。そしてたいていの場合は、「あ、違った……」という苦い思いをして帰ることになる。

この、期待と実態のあいだのズレはいったい何によって生まれているのだろうか。

読むことに重きをいっさい置いていない「ブックカフェ」は、僕たちを裏切る悪者なのだろうか。どうもそうとは思えない。そもそもここには何か誤解があるのではないか。それを考えてこの章を終わりにしたい。

## 「ブックカフェ」にまつわる二重の誤解

快適な環境で読書を楽しむことができるとばかり思って「ブックカフェ」という場所に行った者にとっては、読書への配慮をまるで欠いた環境を提示されたら憤ってみたくもなる。ブックカフェと言いながら、読ませる気が全然ないのか、本に対する愛がないんじゃないか、きっと読書好きですらないんだろうね、云々。

しかし残念ながら、これは不当な文句だ。本を読みたい者と「ブックカフェ」のあいだには、不幸な行き違い、不幸な誤解がふたつある。

まず、今述べたように、「ブックカフェ」はもともと「読む」こととなんら関係がない、ということだ。「ブックカフェ特集」の雑誌に載っている店のウェブサイトなどを見に行ってみても、「快適に本を読んでいただくための環境です」というような謳《うた》い方をしている店はない。僕が底なしの孤独を味わった店は、「食事・カフェやライブステージを楽しめる、新しいお酒や本や音楽に出会えるレストランです」だった。読書への言及はどこにもない。どの店も、「存分に読書を楽しめる」と謳いながらその環境を用意していないのではなく、そもそもそんなことを標榜していない、ということだ。ここでは誰も嘘をついていない。

それからもうひとつ、実はたいていの店は、そもそも「ブックカフェ」と名乗ってなどいない。先の特集においても、店名に「ブックカフェ」と付しているところはひとつしか確認できなかった。たいていその名乗りはただ、シンプルに、「カフェ」だ。

つまり、読書好きたちが「快適に本が読めそうだから、あのブックカフェに行ってみよう」とつぶやいたとき、それを聞いた店が思うのは、「当店は快適な読書の時間を約束する店ではありません」だし、「ブックカフェと名乗っているわけでもありません」だ。センテンスのほぼすべてが否定された格好だ。

そんなつもりはないのに勝手にそう思い込まれるもの、そんなことは名乗っていないのに勝手にそう呼ばれるもの、それこそがブックカフェだ。

だから店に対するディスは、まったくのお門違いになる。文句を言う先があるとしたら、メディアだろう。

彼らは「そこに本がある」ということだけをよりどころに、十把《じっぱ》一絡《ひとから》げに「ブックカフェ」と勝手に呼び、そして、「読書を楽しむための店」などとは誰も掲げていないにもかかわらず、これらの「ブックカフェ」に行けば上等な読書の時間を味わえるというようなイメージを、勝手に流布していく。

雑なレッテル貼り、適当なイメージの流布、ずいぶんいい加減なおこないで、一見するとこんなことをしても誰も幸せにならないようにも思えるが、そうではない。これらの情報によって利益を得る層があって、それは「カフェ好き」の人たちだ。彼らは別に、読めなくても構わない。「読書の時間を味わえそう」という空気を味わえればそれでいい。インスタにアップするときに使い勝手のいい語句とストーリーを提供してもらえればそれでいい。そして、「ブックカフェに行ってきました。ゆっくり本を味わうのにぴったり！」と言えればそれでいい。その投稿文をぽちぽちつくりながら、一緒に行った友だちと「雰囲気いいね～」と言えれば、本当にもう、それでいい……。

カフェ好きたちに向けて紹介する、「カフェのひとつのバリエーション」としての「ブックカフェ」。「そんな場所なら気持ちよく読めるかも、自分におあつらえ向きかも」と真に受けた、僕たち本を読みたい人は、裏切られ、悲嘆に暮れる。嘘じゃないかと訴える。嘘つき呼ばわりされたところで向こうは痛くも痒くもない。なぜならそんなものは、小さな、取るに足らない声だから。

# 第3章　街に出て本を読む

前章を経て、本の読める場所探求が第2フェーズに入ったことを、みなさんは感じていらっしゃるだろうか？　ブックカフェという存在を検証してみる前まであった想定はこうだった。「本があるカフェならば本が読めるのではないか」。そしてわかったことはこうだ。「本の有無は関係なかった」。つまり僕たちは、「そこに本がある」という表面的な材料はどんな指針にもならないことを学んだ。

この学びをむしろ、こう言い換えてしまいたい。「本がない場所もすべて、本の読める場所である可能性を持っている」と。

すでに述べている通り、本というものは簡単だ。持っていれば、読める。プロジェクターも必要ないし着替えも運動靴も要らない。オーブンも包丁も編み針も毛糸も要らないし広大なスペースもバットもグローブも不要で雨を心配する必要もない。ただ本があって、光さえあれば。だから僕たちはいつだってどこでだって本を読みたい。

そう欲望しながら街を少し歩いてみれば、どこもかしこもが読書のための場所に見えてくる。公園のベンチも、電車も、にぎやかな酒場も、病院の待合室でさえも……。

この章では、街のそこかしこに見いだされる「本の読みうる場所」を取り上げ、考察していく。そしてそれぞれどのように読めてどのように読めないのかをつぶさに見ていくことで、「本の読める場所」に必要な条件とはいかなるものなのか、それが浮き彫りになっていくことを期待したい。

## カフェで本を読む

まずは懲りずにカフェから始めてみよう。

もちろんカフェといってもさまざまで、スーパーの店員が「お仕事カフェ」という札を付けているのを見たこともある。派遣会社の名前なのだろう。「家カフェ」という言葉も定着している。おそらくカフェとは、「あの感じのほっこりベクトルの何か」くらいの、極めて漠然とした概念と化している。

しかしそこに拘泥していては話が進まないので、ここではカフェを「あの感じのそれ」と暫定的に定義しておく。今、イメージしたでしょう、そう、それ、それで合ってる。それがカフェだ。

そしてカフェは、大別すると次の2つになる。「大きなカフェ」と「小さなカフェ」だ。「小さなカフェ」の中にはこういうものもある。「静けさを謳っているカフェ」。この3つで考えていく。

まず、「大きなカフェ」だ。これは、とても広い。ホールスタッフ、キッチンスタッフとそれぞれ常に複数人が配置されていて、大半が大学生のアルバイトスタッフだ。彼らの働きようは威勢がよいかダルそうかのどちらかだ。音楽はテンポの速いものかジャック・ジョンソンが大きめの音で流れている。フードの種類が充実していてパスタがある。コースメニューもあったりする。お酒もいろいろある。モナンのシロップがやけに充実している。コーヒーに力を入れていない確率が高め。全然おいしくないぶつぶつの泡のカフェラテが出てきたりとかする。オレンジジュースにしておけばよかった……という類いの。

まさにそんなカフェで、大学生のときにアルバイトをしていたことがある。コーヒーやスイーツへの注力のしなさは畏敬の念を覚えるほどで、ケーキはなんでも取り揃えている食材業者から仕入れた冷凍のものに冷凍クランベリーを散らして完成だったし、コーヒー豆も同じ業者の銀色の袋に入った挽かれた豆で、それをコーヒーメーカーで抽出。豆の鮮度について考えたことはない。その豆を切らしたときに至っては、紙パックのアイスコーヒーをレンジで温めてホットコーヒーとして出すよう指示された。

　これは極端な例だが、「大きなカフェ」における読書とは、どのようなものになるだろう？

　まず、僕が底なしの孤独を味わった店のように時間制を採用していればその限りではないが、おおむね長居がしやすいような感じがある。長居のしやすさは、その空間が与えてくれる「匿名性」によるところが大きい。

　狭い店では、客にしても店の人にしても、お互いに「顔がある」ような感じがある。それぞれが「人間」であることを忘れにくい。それはある種の息苦しさを生みやすい。何を頼むか、どう過ごすか、そしてどれだけ過ごすか、自分の一挙手一投足が意味を孕《はら》みやすい。

　それと比べて広い店というのは、客にしても店の人にしても、個々の顔が見えにくくなる。顔の力が弱まる。ブックカフェ体験のところで、「Ａ５卓の客」「若い、自分の外貌に一定の自信あるいは自覚がありそうな、非常に生きる勢いのありそうな女性／男性」と書いたが、そこで人は「客」「スタッフ」という記号としての存在になる。

代替可能な無数の記号のひとつになることで、自分の振る舞いをあまり省みなくても済むような、そういう気楽さをまとうことができる。傍若無人は言いすぎにしても、傍らに人がたくさんあるがゆえの無関心を保持できる。長々と粘っていても、別に誰も気にしていないような気持ちになれる。

しかし一方で、たいていうるさい。そもそも一人客に向けたつくりをしているわけでもなく、多くの人がおしゃべりに興じたり、パソコンを広げて猛烈に働いたり、仕事ができそうな顔で華麗に打ち合わせをしたりしている中で、ぽつねんと本を読んでいるというスタティックな状態は、ある種の孤立感を生じさせやすくもある。

総じて、「本を読んでゆっくり過ごす」ということに対しての応援意識などは当然感じられないし、他の人々は自分とは異なりアクティブな状態だし、アウェイ感や心細さ、場違い感みたいなものを覚えやすい環境だと思う。それなりに気丈な人でないと楽しみきれないような負荷はたしかにある。

次に見てみるのは「小さなカフェ」だ。個人経営の、ほっこりした、街に根付いたりしていそうな、そういうカフェだ。これがもっとも、「あの感じのそれ」で思い浮かべられるカフェに近いと考えていただいて構わないだろう。

こちらは大きなカフェと異なり、読書目的で過ごしていてもアウェイの感じを受けることは少ないはずだ。表向き、笑顔で受け入れてもらえる。コーヒーと、スコーンが供される。スコーンには自家製のジャムとクロテッドクリームが添えられていることだろう。あとはクロックムッシュとか。玄米も好き。店員の愛想もよく、ゆっくりしていってくださいね、などと声をかけてもらえることもあるかもしれない。たしかな歓迎が感じられる。

周囲の客も、一人で読書する者をとやかく思うことはない。むしろその存在は、空間の多様性を増幅させるものとして受け止められすらする。おしゃべりをする人、手帳を広げる人、書き物をする人、そして本を読む人。さまざまな過ごし方をしている人がいるということそれ自体が、空間を彩る。

というと聞こえはいいし、実際多様な空間というのはいいものだとも思うが、それは他の客にとっては、の話だ。「ブックカフェ」がカフェ好きを利していたように、おしゃべりをする人たちが、本を読む者を眼差して、「うんうん、いいネ、こんな素敵な空間だったら、たっぷり本も読めちゃうよネ」と思う材料として消費するだけだ。悪くない景色としての「本を読む人」。当人のその読書の内実が、話し声によってかき乱され、まるで物語が頭に入っていないかもしれないなんていうことは、誰も想像しない（もちろん想像する義理もない）。

また、こういう店において警戒したいことのひとつが「アットホームさ」だ。特に街に根付いていそうな店はこれが怖い。地獄のサードプレイスと手を取り合うあの恐るべき「アットホームさ」。こういうのは、小さな店特有のものだ。

「アットホームさ」とは、鈍感にも、ポジティブな言葉として発せられることが多いが、それはあくまでその場所をホームだと感じられる人だけが享受できるものでしかない。家族団欒をしている赤の他人の家のリビングにいる様子を想像してみたらわかるが、自分はただの正体不明の闖入者《ちんにゅうしゃ》でしかなく、勝手もわからないし際限なく気も遣うし、こんなに居心地の悪い状態はそうそうない。だいたいの人が顔見知りで、おしゃべりに興じている。店に入ると、話がふっと途切れ、開いた扉に視線が注がれる。そんな状況は、一人で本を読もうとして来た新参者にとってはただの悪夢だ。

こんなことがあった。買った本を読もうと入ってみた店で（全10席ほどのこじんまりした、ラフに塗装された古材を使った、おしゃれなカフェだ）、スタッフは二人、先客は一人。オーダーを済ませて本を袋から出してカフェラテを待っていると、それまで雑誌を眺めていた客が店のスタッフに向かって突然、「今度のキャンプさあ」と言った！ キャンプに、行くの!? （俺も一緒に行っていいですか!?） しかも不運なことに、その客とスタッフのあいだにはそれなりの距離があり、さらにもう一人のスタッフ（彼女はミルクをスチームしているところだ）も少し離れた場所にいる。その三人の会話が今、始まった！ 発せられる声のラインが形づくる三角形は小さな店内において、かなり大きな割合を占めることになった。僕のいる位置は、ちょうどその一辺が触れるあたりだ。声と視線の通り道じゃないか……これが魔のアットホーム・トライアングル……聞きしに勝るつらさ……。僕はまったく窮屈な気分になって、早急にカフェラテを飲み干して店を出た。

また、読書という、可能な限り時間を気にせずおこないたいことをするにあたって、長居の問題はぜひとも解決したい問題だ。そして解決困難な問題だ。

これは、店が小さければ小さいほど生じやすい。大きなカフェとは反対に、ひとりひとりの客の存在のウェイトが大きくなる。固有の顔のある人間として認識される。いつからどう過ごしているかも把握されている。ということを、過ごしているほうも実感、自覚しやすい。

さて、その中で、この1杯で、自分はいったいどれだけの時間、ここにいることを許されているのか。「歓迎できる客」でいられるための要件は？

「５００円の客」を、この空間はきっと、何時間もは歓迎しないだろう……ではおかわりをしてこれが「１０００円の客」になったら？　ホットドッグも追加して「１５００円の客」になったら？　単価で考えてくれて、歓迎時間はその都度、延びていくのだろうか。それとも一義的に「長くいる」というだけでどこか迷惑な感じで捉えられるのか……これがさらに満席にでもなって、次にやって来た人を断っているような場面に出くわしたとしたら……？　店の態度が表明されていない以上、考えてみても不毛な推測しかできない。余計な心配ばかりが出てくる。客は、空気を読むことしかできない。


カフェの考察の最後を飾るのが、「静けさを謳っているカフェ」だ。これは、「お話は小声でお願いします」というような案内があるタイプのカフェで、店によっては「三人以上でのご利用はしていただけません」というようになっている。一人で過ごすことが推奨されている。写真撮影やスマートフォンの使用に制限がある場所もある。おそらく、オルデンバーグが提唱する交流する場所としての「サードプレイス」から最も遠く、そして、一般的にイメージされている「自分に還れる、ほっとできる場所」としての「サードプレイス」に最も近い存在だろう。

こういう店であっても長居の問題は同じで、もしかしたらさらに難しいかもしれない。なにせ諸要素から、明らかに制約が多い「うるさ型」の店だとわかる。うるさ型だからこそ、客に対しても歓迎ラインと敵対ラインが明確にありそうだ。でも、長居は客の判断に委ねられる（店によっては追加オーダーについての決まりごとを持っているところもあるが、あとで触れるように、しばしば見かける「2時間1オーダー制」というのはわりと不親切な仕組みだ）。

ただ、そうであっても、やはり読書という行為を後押ししてもらえる感じがあって、これはうれしい。明らかに、二人連れよりも一人客のほうが歓迎されている空気は、心強い。自分がここにいることが許されている、という気になる。そして実際、謳われている通り、静かな時間が流れているのがほとんどだ。しかし「ほとんど」というのは、約束されているわけではない、ということでもあって、これはときに、致命的な結果をもたらす。かつてこういうことがあった。

三名以上での利用は不可。一人での来店を推奨。二人は可だが落ち着いた会話を。一人で静かに過ごす方の邪魔にならないよう声は大きくならないように。
ほどよい大きさの音楽が、ミニマムで静謐な内装の店内に心地よく響いている。丁寧につくられたおいしい食べ物と、一杯一杯真剣に淹れられたコーヒーが心にも体にもじんわりとうれしい。

そんな店で、男と女が楽しそうに話している。大きな声ではないが少し浮き足立ったようなトーンで、間断なく話している。とても気になるわけではないが、静かな店内だけあってチクチクと話し声は耳に届いてくる。

という、その声を発していたのは僕だ。僕こそが店の静けさを壊していた。とても凛としたかっこいいカフェがあると聞き、デートで行った。聞いていた通り出てくるものはどれも本当においしいし、店の佇まいも店の人の態度も、強い矜持を感じさせるかっこいいものだった。これは凄い店だと衝撃を受けながら、その感動であるとかを、僕らはぺちゃくちゃとしゃべり続けていた。あとになって「あのときの我々の過ごし方は、あの店での過ごし方として正しかったんだろうか」と省みはしたものの、そこにいるあいだは「自分たちは今この店を十全に楽しんでいる」と思って満足していた。なにせ感動して過ごしていたのだから。

ただ、席数20にも満たない小さな店内で、店の意図するように全体としては静かな空気ができてはいたが、僕ら以外にも何組かが同じように話していた。あの状態は、本を読もうとやって来た人にとってはどうだったか。少し厳しい時間だったのではないか。

たとえ店が一人で過ごす時間を後押ししていても、会話が完全に禁じられていない限りは、あるいは必要に応じておしゃべりを注意しに行くという鉄の意志を伴った場のコントロールがなされない限りは、いつだってこの不安定さがつきまとう。その店に行くにあたって、賭けの要素がどうしても出てくる。「静かである可能性は十分にある（しかしそうでない可能性もある）」という不確定性がもたらすリスクを、訪れる者は常に引き受けなければならない。

たぶん僕が静けさをぶち壊したその店でも、まったく誰もしゃべっていない、読書を遮るものが何もない、本を持ってきた人にとっては格好の時間が流れていることもあるはずだ。けっこうな頻度でそういう時間が流れているかもしれない。だからこそ、それを期待して行ったとき、そうでなかった場合の落胆は大きくなる。

どうもカフェの文句ばかりを書いたような気にもなってくるが、嫌いなわけではない。「しゃにむに本を読みたい者」にとってどうなのかを考えてみただけであって、その条件を除けば好きなカフェはいくつもある。総じて、たぶん、カフェという場所を僕は好んでいる。ただ、やはりカフェは、読書云々とは関係なく、難しい場所ではある。

以前、誕生日のセルフ祝いに、本をリュックに詰めて、評判のいいカフェまで足を運んだ（持っていた本というのは忘れないもので、その日は保坂和志の小説と最果タヒのエッセイと音楽産業を描いたノンフィクションだった）。左官仕上げの広々としたフロアの一角は雑貨や文房具、書籍の販売コーナーになっている。中央にはアイアンフレームと無垢材の大きなテーブル、それを取り囲むようにソファ席が配置されている。席のひとつひとつに作家ものの花器が置かれ、ささやかながら印象的な花が挿されている。ゆるやかな日本のポップスが流される中で、スタッフは藍色のシャツとベージュのエプロンをまとって穏やかな様子で立ち働いている。席に着いた瞬間、あるいは扉を開けた瞬間だったろうか、僕はなんだかぴったりしない気分に見舞われてしまった。具体的にどれが、ということは自分でもわからないのだが（ハリボテのようなぬくもり、偽装された機嫌のよさ、押しつけられた安らぎ、金太郎飴のようなほっこり感、そういったものだろうか……）、「僕のための場所じゃない」という気持ちになって、いたたまれなくなった。3冊も本を持って、当然ゆっくり過ごすつもりだったが、「ちゃちゃっとご飯を食べて一刻も早く出よう」と、オーダーするときにはそう決まっていた。

カフェという場所の難しさとして「店の自意識みたいなものが見えやすい」ということが挙げられると思う。美意識でもいい。我々はこういうものを美しいとし、こういうものをおしゃれとし（少なくとも格好悪くはないとし）、こういう価値観で店をやっています、そういう意識が伝わってきやすい。それに自分がフィットできたとき、その場所で過ごす時間はいいものになりうる。共感できたり憧れのようなものを感じられたりしたら、その中にいるのは気分がいい。一方、当然ながら、「合わない」という事態はいつだって起きうる。そうなれば、そこにいること自体がそこはかとなく違和感に包まれた時間になる。そしてそこに集う人たちが、店が提示する美意識を享受し、「今ここにいる自分」に満足している人たちなのかと思うと、自分だけが間違った場所にいるかのようにすら感じられてくる。

身も蓋もない言い方だが、何かが癪《しゃく》に障る。カフェという場所では、これは付きまといやすい問題だと思う。

その点、喫茶店というものはとてもいい。

ここではいわゆる純喫茶のような店を考える。もちろん喫茶店にだって、当然いろいろな自意識や自己主張があるだろうが、それ以上に「時間の厚み」みたいなものが前景にある。その場所にそれまで流れ続けてきた時間、その積み重ねによって刻まれた歴史、そういうものが空間全体をマイルドに包み込む。時間の堆積は、気が合うとか合わないとか、癪に障るとか障らないとか、そういう次元をゆうゆうと超えていく。誰もがそこに馴染めるような懐の広さがある。それはカフェで見られる多様性をはるかに超える。一人で本を読もうとする僕のような者もいれば、マッチングアプリで知り合って初めて顔を合わせているらしい男女、競馬新聞を広げるキャップをかぶったおじいさん、商談中のサラリーマン、クリームソーダをさまざまな角度から撮りＳＮＳへの投稿を急ぐ男の子、パソコンを開いて仕事しているフリーランス、ひっきりなしに煙草を吸っている憂い顔の大学生女子、華やかな声でおしゃべりに興じるおばあちゃん。属性に縛られない、さまざまな人たちが自然に同居できる（こんなにも多様な人が自然に集える場所は、他にどれだけあるだろうか）。

そんなバラエティに富んだ顔ぶれの中で、席数の多い店であれば紛れられるし、いろいろな用途の人がいるから出入りの動きも頻繁にあり、あまり自分の長居具合も気にかけなくて済む。いい意味で気にされていない感じがある。とにかく楽にいられる。

そういうわけだから、本を読むときはひたすら喫茶店に行く、という時期があった。休日ごとに喫茶店に入ってコーヒーを飲み、煙草を吸い、本を読む、そういう時間を設けていた。うっかりするとこの「本の読める場所」考察の結論も、「喫茶店でいいのでは？」に落ち着きかねないほどだ。

ただ、没頭して本を読む場所として完璧かといえば当然そうではなく、近くで定年退職後のおじさんたちがプロ野球の話でもしていようものなら僕の耳は全部持っていかれてしまうし、なんなら話に加わりたくもなってしまう。おばあちゃんたちの健康食品をめぐる話も面白いし、ホストの男性と客の女性のねっとりとした会話も聞き逃すわけにはいかない。ネットワークビジネスの勧誘者は今日もがんばっている。面白すぎてボイスメモをそっと起動することもしばしば。

また、煙草だ。喫茶店にはいまだに煙草が吸えるところも多くある。店によっては喫煙者の休憩所となっているようなところもあるだろう。僕も喫煙者だから「煙草が吸える」というのは選択しやすいひとつの理由になっているが、吸わない方にとっては厳しいだろう。僕自身も、席で吸える必要まではないんだよなという感覚もあって、新幹線の喫煙ブースのような、席を立ってアクセスできるスペースがあればそれで十分なのだが、とにかく、長時間滞在することを考えたら、煙草を吸えるというのは喫煙者には大きな助けになる。そして非喫煙者にとっては、大きな障壁になる（だからといって口コミとかで「煙が臭いから星1つ」とか言っている方には「禁煙の店なんていくらでもあるんだからそちらに行けばいいだけなのに勝手に自分から喫煙可の店に行っておいてその点について文句言ってんなよ」と思う。なんであの手合いは自分の基準を正義だとみなす愚かな態度に無自覚でいられるんだろうか）。

それから、これはいくらか恐る恐るの物言いになるが、コーヒーの味ははたして、どうか。語り継がれ、後進のコーヒーピープルに多大な影響を与え続ける名店ももちろんたくさんあるが、パッと思い浮かぶ喫茶店の大半は、僕にとってはおいしいコーヒーを提供してくれるところではない。焦げた、煮詰まった、エグい、黒い液体、みたいな、そういう味のコーヒーに出くわす機会が圧倒的に多い。そして喫茶店サイズのすぐに飲みきってしまう量の……。

うれしい読書の時間は、自分にとっておいしいと思えるコーヒーを飲みながら過ごしたい。

いくつか書いたが、ただ、喫茶店という場所の魅力は揺るがない。喫茶店はいい。余談だが、老後は小さな喫茶店を開いて、着席したままコーヒーを淹れ、腕だけ伸ばして「ほい」とか言いながら出す、そんなふうに暮らせたらいいかもしれないなとたまに考えている。

## バーで村上春樹を読む

高校生のとき、親の本棚で見かけて村上春樹を読むようになった。その後、偶然にも国語の授業が一学期まるまる『風の歌を聴け』を扱うもので、授業の面白さも相まってどっぷりハマった。その体験が、読書というものを確固たる趣味にさせたように思う。村上春樹をとっかかりに読書に傾倒していった人を、僕の周りだけでも何人か知っているから、日本中に同じような人がいるのではないか。それには理由があるように思う。

まず当然だが、「うわあ、小説ってマジで面白い！」という経験を味わわせてくれたこと。なぜか履修していたポルトガル語の授業中に机の下で『羊をめぐる冒険』を読んでいた場面。アルバイトの10分休憩のバックヤードでも取り憑かれたように『ダンス・ダンス・ダンス』を読んでいた場面。そのふたつの場面が妙に印象に残っているのだが、とにかく面白くて仕方がなかった。ひたすらずっと読んでいたかった。それまでも読書には親しんできたが、ここまでの没頭は初めてのことだった。

それからもうひとつ、これは実は大きいのではないか、という理由。

「語り手の「僕」の暮らしぶりや立ち居振る舞いがなんだかかっこよく見える」→「その彼は

本を読んでいる」↓「本を読むのってもしかしたら全然かっこいいこととしてなされうるのかもしれない」↓「実際、彼はずいぶん簡単にセックスをしている」↓「本を読めば俺もさくっとセックスできるようになる！」

これは、高校生にとってはかなり強力な魅力だ。容姿とか運動能力とか、ノリとか面白さとか、そういうところでは到底戦えない。しかしもしかしたら、「僕なりの戦い方（モテ方）」というものを構築することはできるのかもしれないぞ、という危うい気づき。これは衝撃的な発見であり、それまでは誰も、「違う土俵」というものがあるなんて教えてくれなかった。貧しい想像力の17歳は、見た目も話術も厳しいから、いい大学に入っていい企業に入っていい稼ぎをして、経済力で戦うしかないかな、向こう10年は諦めかな、長く辛い道のりだな、そんなふうに思っていたところでの村上春樹の登場だ。天啓だった。

それは若気のみが至ることのできる偉大なる短絡だが、改めて考えてみても、この二重の導きは今なお有効な力を持っている。「読書は面白い／《でも》読書は暗い趣味かもしれない」よりも、「読書はしんどい／《でも》読書はクールな趣味かもしれない」よりも、「読書は面白い／《かつ》読書はクールな趣味かもしれない」という認識、それが誤ったものであろうとなかろうと、ずっと強く明るく、読書という行為を肯定し、照らしてくれる。

さて、その村上春樹の「鼠三部作」と呼ばれている作品群において、「ジェイズ・バー」という店が登場する。デビュー作『風の歌を聴け』では、「床いっぱいに5センチの厚さにピーナツの殻」が撒き散らされているというその「狭い店」に、語り手の「僕」はひと夏のあいだ日参する。

「僕はビールとコーンビーフのサンドウィッチを注文してから、本を取り出し、ゆっくりと鼠を待つことにした」

このイメージは高校生の僕の中に植えつけられ、長い時間をかけて育っていった。「酒を飲みながらゆっくりと本を読みたい」といううっすらとした欲望の始まりが、この情景にあったに違いないと気づいたのはずいぶんあとのことだ。「いつもと同じカウンターの端の席に座り、壁に背中をつけて」、サンドウィッチとビールを片手に本を読む。なんと贅沢で、なんとクールなのだろうと、それを是が非でもしたいと、そう思うようになっていった。

やはり夏だ。初めて『風の歌を聴け』を読んでからもう10年ほどが経っていた。駅からの帰路にバーがあった。静かで重厚そうな外観。入りかけ、「しかしやっぱり今日じゃない」という特に意味のない引き返しを何度かおこなったのち、とうとう入った。緊張を覚えながら、重い扉を開けて店内へ。バーコートをまとった背筋の伸びたバーテンダーが顔をこちらに向け、落ち着いた声で僕に挨拶をする。カウンターには数人の先客がいて、静かに話している。ちらっと視線をこちらに向け、すぐに戻す。新たな来店者が顔見知りかどうかを確認したのだろう。僕は示された席に腰を下ろし、聞き覚えのあるような気がおぼろげながらする銘柄のウイスキーを注文して、煙草に火を点ける。このときにはもう「きついｗ」と思っている。「とてもじゃないけど本読むとか無理ｗｗｗ　というかいるのも無理ｗｗｗ」と。

圧倒的な暗がり。親密な、出来上がった空気。ご親切にも振られる話題。この状況で、本を開く度胸は僕にはない。

結局30分ほどのあいだで2杯飲んでそそくさと帰ったわけだが、バーという場所における読書の難しさとは、話し声や暗さといった具体的な状況に起因してのものよりも、もっと抽象的で漠然とした問題に依っているように思われた。

つまり、過ごし方の正解不正解がわからない。この場所において正しく空気を読むとはどういうことなのかがとにかくわからない。僕にとってはこれに尽きた。たとえばどれだけのペースで杯を重ねることが求められているのか、という問題。

特に真偽が確認されないまま、なぜか自分の中に定着してしまう規範というものがある。大学時代、「バーにおいては15分に1杯は頼むのが客のすべき振る舞い」という話をゼミの先生だったか先輩だったかから聞いた。今思えば彼らが好んで行っていた「新宿ゴールデン街での飲み方」の話だったような気もするが（そのときはゴールデン街というものを僕は知らなかったし、今も何回か行ったことがあるだけのあのエリアにどんな掟があるのかは知らないままだが）、僕はなんとなく耳にしたそれをまるまる、そしてぼんやりと、規範として持つようになってしまった。その夜もうろ覚えのそれに従って15分おきに注文した。お酒が強くない僕からすればこれはかなり速いペースで、仮に本を開いていたとしても、たちどころに酔っぱらって読書どころではなくなっていただろう。

それにそもそも、本なんて出していいのか、ということがとにかくわからない。それぞれスタンスも違うだろうが、「ここは談話のための場所である」というところもあるはずだ。レイ・オルデンバーグがバーテンダーの店だったら、一枚板のカウンターの上に本を置いた瞬間に激しく叱責されるに違いない。「なんのつもりだ！　談話のないところに生命はないと言っただろう！」と。よしんば怒られずとも、店に寒々しく思われ嫌がられる振る舞いをしたいわけでは当然ない。

また、もし本を開くのは可能そうだと判断できたとして、やはり談話の声は気になるところだ。できたら遮断したい。では、イヤホンは？　バーという場所で、イヤホンを耳に挿すなんて、してもいいのだろうか。どうも、すごく気が引ける。

そんなわけで、とにかくわからない。作法がまったくわからない。打つ手なしだろうか。

バーでの読書を実現するための攻め方は、おそらく二通りある。ひとつは何度も足を運んでその店の暗黙のルールを熟知し、店の人にもこちらの過ごし方をよく知ってもらう。これは長期戦になるだろう。もうひとつは初めてであれなんであれ、店の目も他の客の目も気にしないで済ませる胆力を持つ。こんなことができる人間は、そもそも「本の読める場所」を求めてあてどなくさまようこともないだろう。いずれにしてもそのハードルはとても高い。

## 「ジェイズ・バー」はバーなのか？

ジェイズ・バーでの「僕」のような優雅な過ごし方は、まるで叶わなかった。やはりこれは、ずいぶん簡単にセックスを達成する「僕」のような特殊な、一握りの、選ばれし者だけに許された高貴な遊戯なのかもしれない。常人がそれをなすためには、もう少し年齢を重ねる必要があるのかもしれない。ロマンスグレーの髪をなでつけ、控えめに鳴らされるグレン・グールドの演奏に耳を傾けながら、ちびりちびりとウイスキーを舐めながら、本を開く……僕もいつか……。

ん？　ロマンスグレー？　いや、そこはいい。グレン・グールドに耳を傾け？　ウイスキーを、ちびりちびり？　僕は今、重大なことに気がついてしまったかもしれない。長いあいだ、思い違いをしていたかもしれない。もう一度『風の歌を聴け』に戻って、ジェイズ・バーの様子を見てみよう。まず先に引用したように、そこは「床いっぱいに5センチの厚さにピーナツの殻」が撒き散らされた場所だ。そしてこんなふうだ。

「もっとも、まわりには鼠の大声を気にするものなど誰ひとりいなかった。狭い店は客で溢れんばかりだったし、誰も彼もが同じように大声でどなりあっていたからだ。それはまるで沈没寸前の客船といった光景だった」

さらに店内にはジュークボックスがあり、ピンボールマシンがあり、ポータブル・テレビまで貸し出していてそれで野球中継を見たっていい。「僕」たちが飲むのは基本的にビールで、どうやら瓶で供されるようだ。人気のつまみはフライドポテト。ジェイは「毎日バケツ一杯の芋をむいている」とある。

　これは、なんだ？　どう考えても、静謐で重厚で、バーテンダーが振るシェイカーの音が心地よく響くような、そんな雰囲気ではない。いや、さすがに、読んでいるときにここで描かれている空間を「静謐で重厚で」とは思っていなかっただろうが、おそらく「バー」という名前に引っ張られて、「バーだ、とにかくバーだ、バーというのはオーセンティックなバーだ」となっていたのだろう。ジェイズ・バーでの過ごし方に憧れた僕が行くべきだったのは、バーではない。行くべきは、おそらくパブだ。

　ここでバーとパブの違いを細かく定義するのは僕の手には余るし、大枠で考えられれば十分なのでざっくりと分けることにするが、バーは「たいていしっとりとした雰囲気／ショートカクテルをつくってもらえる／じっくり腰を据えて飲む／つまみはドライフルーツとかチーズとか／テーブル会計」とかで、パブは「たいていにぎやかな雰囲気／パイントのビール／立ち飲みも辞さない／揚げ物もあるよ／キャッシュオン」とか、そんな感じだ。

　要素を書き出してみると、やはりジェイズ・バーはかなりパブ寄りの空間であることがわかる。こういうことならば話はだいぶ変わってくる。ロマンスグレーを待たずとも、僕もジェイズ・バーで「僕」がおこなったような憧れの読書をできるかもしれない。というか、すでにしていた。

僕はフライドポテトが好きだ。大好きだ。とても好きなので、フライドポテトをつまみながら、お酒を飲みながら、本を読む、そんな過ごし方をしたくなる夜が頻繁にある。真っ先に浮かぶのは近所のアイリッシュパブで、しばしば行く。そこはまさににぎやかで、キルケニーやギネス・スタウトを筆頭に6タップほどのビールがパイントやハーフパイントで供され、基本は着席だが状況によっては立つことも。揚げ物に限らずフードメニューは潤沢にあり、そして、キャッシュオン。お気に入りの場所だ。そこは個人店のようだが、英国風パブチェーンであるところの「ＨＵＢ」によく足を運んでいた時期もある。とにかくフライドポテトと、ビール。

こういう場所で本を読むことのよさのひとつに徹底的なにぎやかさというものがあって、これは、静けさが基調となっていてぽつりぽつりと低い声で会話が交わされている状況よりも、むしろ本に集中できるところがある気がする。うるささというのは度を越してしまえば一枚の分厚いノイズとなり、個別の言葉が意味を持たなくなる。音の膜によって他者とのあいだにカーテンができるような感じもある。その音環境は、実は読書に向いている（眠るときに激しいノイズミュージックを流していた時期があるような人間の言うことだから、そんなに多くの人に賛同してもらえないかもしれないが）。

　またキャッシュオン方式は、過ごす時間の気楽さに実は少なからぬ寄与をするものだと思う。すべての客がそんなふうにいちいち考えるとはさすがに思っていないが、潜在的には感じているはずの気楽さの源泉に、「客の注文の総体を、店は正確には把握できない」ということがある。すべてを店主だけで取り仕切っている店なら話は別かもしれないが、複数人で回している店であれば、店は、客の前に置かれているグラスが1杯めのものなのか2杯めのものなのか、完全にはわからないのではないか。今こなすべきオーダーの宛先まではわかっても、席ごとのトータルの注文内容はわからないのではないか。把握しておくインセンティブがないから。その都度、もう精算されているから。そうなると店は、それぞれの客が、高い客なのか安い客なのか、わからない。ある程度はわかるかもしれないが、正確にはわかりようがないから、おそらく「単価でジャッジする」という目で客を見るようにはなっていない。このことを僕たちは潜在的に知っていて、だから、そういう目で見られていないと思えば、気楽にいられる。

　しかしこのことと表裏一体のところに、パブでの読書の難しさがある。単価では客を見ない。それでは、何で見るか。「まだ飲んでいる客かもう飲み終わった客か」なのではないか。グラスが空になった瞬間に、「もう用が済んだかもしれない人」になるのではないか。そこで問われる。もう1杯頼むか、それとも帰るか。

これが、特に個人経営のパブで僕が感じることだった。この問いかけに応じ、なおかつ読書を続けたいならば、次々に飲まなくてはいけなくなる。あっという間に酔ってしまう。対策として考えられるのは「みだりに飲み干さない」ということだが、何が楽しくてそんなみみっちい駆け引きをしなくてはならないのか。しかしこれも店の規模に大きく左右されることかもしれない。席数が多く、より紛れ込めて、目も届きにくいであろう「ＨＵＢ」では、そういうことを気にしないでも済む感じがある。

それからパブでの読書のもうひとつの難しさに、与えられるスペースが狭いということが挙げられる。隣との距離も近いしカウンターに奥行きもない。それは当然のことで、ワイワイガヤガヤと、他者と愉快に過ごすことが目的とされている空間だ。「青年よ」。ふと言葉を向けられた気がしたから顔を上げると、またオルデンバーグ爺さんだ。真っ赤な顔でパイントグラスをつかみながら、「さっきから黙ってうつむいたままだが、元気がないのか？」「いえ、今は本を読ん――」「心配は吹き飛ばして、楽しくやろう！」みたいなことが主眼とされる場所だから（偏見）、ひとりひとりに十分なパーソナルスペースを提供する理由もない。そのため、本来であればグラスや皿は少し横に置いて、正面は本、という配置がベストのはずだが、狭くてできない。それをすると隣人の領分を侵すことになってしまう。してはいけないことだ。すると、目の前にビールとフライドポテトを置くことになる。こうなると、使えるスペースのほとんどがもう埋まってしまうわけで、本は持ち上げて読まなくてはならなくなる。腕が疲れる。重いハードカバーだったりすると「本を持ち上げること」に意識の大半が向かってしまっているようなバカバカしいことすらある。文庫本にしておくのがよいだろう。

　そんなわけで、パブという空間が好きだ。入ってみてから毎回、思い描いていたような読書の時間は結局過ごせないということを思い出すのだが、懲りずに足を向ける。ビールを2杯飲んで、フライドポテトをノンストップで食べて（フライドポテトを食べるとき手を止めるということが僕にはできない）、途中からは本ではなくスクリーンに映っているサッカーやラグビーの映像に目を奪われて、1時間もしないで出る、そんなことを繰り返している。パブは好きです。

## 図書館で本を読む

ここまでそれぞれに一長一短があったが、パブは例外として、共通して読書を邪魔してくる（もう少しマイルドな言い方をするならば、読書と相性がよくない）のは人々の話し声だった。では、静かな環境であればどうだろうか。静かで、座ることができる場所、図書館。図書館はたいていの町にあるはずだし、なによりも無料だ。もし図書館が読書に最適な場所であったならば、それは朗報になるだろう。

僕自身、図書館に入り浸っていた時期もあった（いろいろな時期がある）。行き場がなく、本と水筒を持って、毎日のように図書館に通っていた。図書館はたしかに、基本的には静かな場所だ。おしゃべりに花を咲かせている人はいないし、いたらおそらく司書から注意されるだろう。明るい午後の時間の図書館には、光が差して、あたたかで、まどろむような時間が流れている。というと聞こえはいいが、突っ伏して居眠りしている人が例外なくいる。居眠りを目的として来ている人さえいる。僕も眠ることがよくあった。どこからともなく聞こえてくる寝息、ときにいびき。シエスタ、とつぶやいてみることによって、その弛緩した時間を好ましいものとして受け取ってもよさそうなものだが、どうもそうは感じられなかった。僕も含めた、行くあてのない人たちの物哀しい吹き溜まりのように感じられてしまった。

もちろん、明確な目的を持って来ている人たちもいる。しかしその多くは勉強をする人だ。穏やかに自身のやるべきことをやっている人たちもいるが、中には猛烈な勉強者がいる。破り取ろうとしているようにしか思えない速さと勢いで参考書のページをめくる。何かを占っているのかなという調子でコロコロとペンを転がす。出し入れを繰り返さないとインクが出ないとでも思っているのかなという調子でペンをカチカチし続ける。静かな空間において、その音は強烈だ。人の声さえなければ穏やかな静けさが担保されるというわけでもないということだ。誰もが無料で入れる場所というのはいろいろな用向きの人がいるということでもあって、そんな場所で自分だけの「ここぞ」という読書の時間を満喫したいというのは、無理な希望かもしれない。

## コーヒーチェーンで本を読む

図書館でもダメとなると、だんだん、気持ちのいい読書の時間に必要なのは本当に静けさなのか、わからなくなってきた感がある。こじんまりとしたカフェよりも大箱のカフェ、ソーサーに戻すデミタスカップの音がカチリと響く緊張感のある喫茶店よりも多様な人間の見本市のような喫茶店、オーセンティックなバーよりもパブでビールとフライドポテト。これらはどれもにぎやかだ。では、心地よさの源泉は何かと考えれば、これらの場所に共通している気楽さだ。イヤホンをするのも憚《はばか》られないし、いろいろと構わないでいられる気楽さ。

　この「構わない」は「構われていない」でもあって、店の人もひとりひとりの客について、顔のある人間というよりは処理すべきタスクとみなしている。「今日はなんだか元気がなさそうだな」などと思ったりしない。僕は「A卓の5番」でしかない。客から見た店の人も、店の人から見た客も、また客同士も、互いに匿名の存在として扱えてしまう。気になる「人目」が薄まる。このことは、余計な気を回さずに過ごしたいときにはかなり重要な要素だと思う。

　その筆頭がコーヒーチェーンだろうか。２２０円のコーヒーを買って席に着く。2時間後にもう1杯飲みたくなって客席からレジに向かうと、「いらっしゃいませ」と言われるあの感じ。本当に構われていないことがよくわかる。もう何時間でもいられる。だから、たしかに、読める。でも、僕が行くのは、「今日はあの本をめちゃめちゃに楽しむぞ」というときではなくて、「ちょっと時間を潰したいから」というときだ。これらの場所で積極的に読書をしようとは思わない。その端的な理由は、「本を読む時間の祝福のされなさが際立つ危険性が高いから」だ。

パブリックな場所におけるいい時間というのは自分一人でつくれるものではない。周囲にいる人たちの影響を多分に受ける。

たとえばとても特別なディナーの時間を過ごしに、自分の暮らしの水準からすると非常に贅沢な店に行くとする。行ったことがないからわからないが高級なフレンチレストランであるとかに。一張羅のスーツを着ていささか緊張した面持ちで、今晩結婚でも申し込むつもりなのだろうか（今度はいったい誰の話が始まったのか）。サービスマンが、丁重だが自信のある物腰で何かを言ってくる。アペリティフとか、たぶんそういう、なんのことかわからないことを、言ってくる。その場にいる全員が格上の人間に思える。こんなときでも卑下というのは待ったなしで顔を出してくるものだが、一方で、背筋も伸びる。今日は特別な、忘れられない夜になる、そんな予感がたしかにある。

――と、近くのテーブルからゲラゲラ笑う声がした。吸い寄せられた耳が聞き取ったのは下品な単語だ。それからもいやおうなく耳に入ってくる情報を総合すると、どうやら日常的にこの店に来ているようで、彼らにとっては特別な時間でも贅沢な時間でもなんでもないらしかった。「今日のアペリティフはいまいちだね」などとケチをつけてもいる（ところでアペリティフってなんですか？）。どうしようもなく興が醒めていくのを感じる。台無しにされたような気持ちになる。なんだかな、というあの気持ち。プロポーズもまた今度にしようか……。

ここまで書いているあいだに何度も思い、そしてまた今も思うが、僕はいささか脆弱すぎるのかもしれない。ただ、それでも、とにかく、パブリックな場所における体験の質というものは、この例もそうだし映画館や劇場でも同じだが、周囲の人たちの影響を免れることはできない。自分以外の人たちのありようは、思いのほかに重要だ。

その点で、手頃な値段で利用できるコーヒーチェーン店は高い危険性を孕んでいる。図書館と同じように異常な猛烈さで勉強し続ける人はいつだっているし、突っ伏して寝ている人もやはりいる。スーツ姿の男は電話越しに相手をネチネチと叱責している。パソコン作業者はガッチャガチャにタイピングし、止まらない貧乏ゆすりみたいにマウスをクリックし続ける。恨みを晴らすようにエンターキーをぶっ叩く。広げられた資料は横の席を侵犯し着席を阻む。一人で4席分も占領する。あれ、この人、店のカップが見当たらないうえにペットボトルとコンビニのパン出してますけど、目が届かない構造だからって無料休憩所だと思ってたりする……？

　この人たちは敬意を払っていない。場を提供してくれる店に対して、周囲にいる人たちに対して、敬意を払っていない。数百円を払うことでいくらかのスペースと時間を買っているわけだけど、傍若無人に過ごす権利まで購入済みだと思い込んでいる人たちが必ずいる。そしてまた、多くは、自分が過ごしている時間に対しても敬意を払っていない。それが言いすぎだったとしても、自分へのご褒美となるような、甘美な時間としては過ごしていない（僕もそうだ）。もちろん、誰もが甘美な時間を過ごさなければいけないなどといういわれはないから、それ自体は仕方がない。問題はそういう人たちの集積によって生み出される、空気の雑さだ。

　ご褒美の時間として過ごしに来た人がいたとする。「このフラペチーノのために今週はがんばったぞ」というような。その楽しみが、期待が、何に対しても敬意を払っていない人たちによって傷つけられるリスクがとても身近にある。だってみんな、超どうでもいい気分で過ごしてるんだぜ。「フラペチーノ」が「読書」であっても同じで、これが、「ここぞという読書の時間」を所望する者にとっての大きな問題だ。

他者への敬意の欠如と自己への敬意の欠如は、両輪だ。楽しみな時間として行ったものの損ねられてしまったという体験を繰り返すうちに、次第に自分もまた、ただ「使う」対象としてその空間を捉えていくようになる。それが態度ににじみ出て、また周りに波及して、回っていく。そうやって結果としてなにかギスギスした、雑な、荒い、哀しさのようなもの、寂しさのようなもの、侘しさのようなものをまとった空気が形づくられていくのではないか。

オルデンバーグは「談話のないところに生命はない」と言っていたが、談話のないところにもそれはあると僕は主張する。でも、敬意がないところに生命は、間違いなく、ないのだ。

敬意と楽しみは同根だ。いい時間を過ごすためには僕たちは自分が過ごす時間を正しく楽しみにしなくてはいけない。その時間に正しく期待しなくてはいけない。まずはこれがなくては始まらない。そして来たるべきその楽しみな時を思う者は、そこに至るまでの時間、つまり自分が生きる時間に対しても、敬意を払うことになるはずだ。自分はその楽しみな時間を迎えるに値するだけの価値がある、と。

そしてその敬意は、楽しみは、期待は、毀損されてはならない。毀損されるかもしれない、という恐れだけでもうダメだ。この期待は必ず果たされるという確信と安心とともに向かうことができる場所。「本の読める場所」とはそのようなところであるべきだ。

## 「読む」の不当な不遇

読みうる場所はあくまでも読みうる場所にとどまっている。それがここまで見てきた結論だ。心地よく読めるか読めないかは、だいたい運次第。

読めるかもしれない。しかし状況によっては読むことが妨げられるかもしれない。

読めるかもしれない。しかし歓迎されていない空気をビシビシ感じるかもしれない。

読めるかもしれない。しかし読んでいる時間がまるで祝福されたものにはならないかもしれない。

読めるかも、しれない。

僕らに与えられているのは消極的読書可能場所にすぎず、「別に、読んでもいいけれど」としか言われない。笑顔で両腕を広げて「さあ、たーんとお読み」とは言ってもらえない。これは本をめぐる状況としてはいささか不思議でいびつなものに思えてならない。

本をめぐる動詞を考えてみると、それが浮き彫りになる。

たとえば「買う」はどうか。欲しかった本をAmazonでポチるのもいいし、超大型書店の圧倒的な物量を楽しむのも、個人経営の書店で見たことのない並びの本棚にときめくのもいい。無印良品のように専門ではないが書籍販売を手がけている店も多くある。どんどん書店が減っているとはいえ、購買の選択肢はまだまだ多く用意されている。

「知る」もまたそうだ。言うまでもなく、書店に赴けば既刊・新刊問わずおびただしい数の本の存在を新たに知るし、本の情報はＳＮＳのタイムラインにも日々流れてくる。雑誌、新聞、電車の広告、本を知る機会は、オンライン／オフラインにかかわらず溢れるようにある。また「読書メーター」のような読書に特化したウェブサービスを使えば、「知る」はもちろんのこと、「記録する」も「評する」も「共有する」もできる。「出会う」に特化しているのは六本木の「文《ぶん》喫《きつ》」で、入場料制という仕組みを導入して、本と読者の出会いの場を創発している。

本は「眺める」ものとしても魅力的なアイテムだ、ということは前にも書いた通りだが、「HMV & BOOKS HIBIYA COTTAGE」のピンク色の表紙の文庫本だけが並べられた「文庫ギャラリー」の光景は圧巻だったし、有名なブックデザイナーが作品展を開いたら話題になる。「泊まる」だってある。池袋の「BOOK AND BED TOKYO」と「箱根本箱」はそれぞれ「泊まれる本屋」「ブックホテル」と銘打った夢のような場所だし、丸善ジュンク堂書店は「丸善ジュンク堂に住んでみる」という宿泊ツアーを開催している。

購入した本は、「並べる」や「飾る」も訴えてくる。世の読書離れなんて嘘なのではないかと思うくらい、あらゆる家具店が本棚を扱っているし、「本屋Ｂ＆Ｂ」は家具店と協働し、店内の本棚がどれでも買えるようになっている。「本のある生活」を楽しむためのブランド「BIBLIOPHILIC」のウェブサイトを見に行けば、種々雑多なブックスタンドやブックエンドが見つかるし、しおりやブックカバーなど、「彩る」アイテムにも事欠かない。「持ち歩く」ためのトートバッグなんかもある。

「持ち歩く」といえばKindleのような電子書籍リーダーによって無数の本を持ち歩けるようになったし、Kindleといえば「Kindleダイレクト・パブリッシング」や「BCCKS」といった出版サービスは「出版する」敷居をどんどん下げてくれている。「書く」そして「発表する」ことは、ブログサービスなどの充実によって本当に誰にでも開かれている。紙の本をつくりたいと思ったら、ネット印刷サービスで誰でも容易に同人誌やＺＩＮＥを発行することができる。そしてそれを「売る」。「文学フリマ」の盛り上がりは年々高まっているように感じる。それは「集まる」でもあり、「TOKYO ART BOOK FAIR」をはじめとするブックフェアや「本屋博」、一箱古本市など、作り手、売り手、読み手、買い手がその日限りで集まる催しの数はどんどん増えているのではないか。人は集まり、そして「話す」し、「聞く」。読書会は日本中でおこなわれているし、聴衆の前で本を紹介するビブリオバトルも活況のようだ。また、著者や訳者が出演するトークイベントも書店その他たくさんの場所で開催されている。こういったリアルな場は、本好き同士の「つながる」機会にもなっているだろう。

このように見てみても、本をめぐる状況というのは日増しに楽しく充実したものになってきているように感じる。一昔前と比べてもずっと多様なものになっているのではないか。

しかし、これだけたくさんの動詞が出てきたにもかかわらず、なぜか「読む」は登場しなかった（「なぜか」もなにも恣意的ではあって、書見台やクリップライト、読書のための枕等、「読む」を助けるグッズはありますね……）。本とかかわる商品や場や催しやサービスの中に、「読む時間」そのものに光を当てたものは極端に少ない。これは不思議でいびつで、いささかグロテスクではないか。まるで本というアイテムに「読む」という機能なんて備わっていないかのように等閑視《とうかんし》されている。本を読むという、実に単純で基本的な欲求がこれだけ応援されないことにはさすがになにか訳があるのではないか。

本を、読む。こんなシンプルなことが、どうして放っておかれているのか。あるいはここでもやはり「読む」がただ軽く見られているだけなのか。「一人でやっててくださいよ。簡単でしょ？」ということだろうか。でも、それが簡単なことばかりではないという現実にも多くの人は気づいているはずだ。快適な読書の時間を担保してくれる何かがあったら気持ちがいいという想像をしたことがある人だって、少なからずいたに違いない。想像はされても、その領域に手を付けるプレイヤーがいない。それが「読む」が与えられた状況だ。

誰かが、家ではない場所で本を読みたいとき、それは基本的にはどこかの場所を使って一人で過ごす、ということになる。つまり、「おひとりさま」という存在になるということだ。ここに考えるヒントがあるかもしれない。次の章では本を読む客、「おひとりさま」についてしばらく考えてみたいと思う。

第4章

# 長居するおひとりさまとしての本を読む客

## フラジャイルなおひとりさま

新宿のゴールデン街でごくたまに行く店がひとつだけあって、10年来の友人（以下「A子さん」とする）が立っている。

古くて軋《きし》む扉を開けて覗いたときに中にいるのがA子さんだけだとわかると僕はホッとして、席に座ると話したいことを話す。ただそれがずっと続くわけではなくて、どうしたって途中で新たなお客さんはやって来るから、僕は「僕に許された特別な時間は終わり」と思う。すぐに帰るのも現金なのでもう少しだけ飲んで、三人での会話が始まればそうするし、また別の人が来てA子さんがそちらにかかずらうターンになったら、取り残された者同士で隣の人といくらか話したりなどもする。頃合いを見て帰る。

つくづくこういう場所での過ごし方が下手。いろいろなものが固定されていない状況で人とコミュニケーションを取ることがとても苦手。客が僕だけだったときはA子さんがリソースを割く対象は僕しかいない以上、僕と話すことは自然なものになるわけだけど、そこに他の人が加わった途端に状況は一気に複雑なものになる。彼女はカウンターに立つ指揮者のような存在になる。指揮棒を振って、こちらの楽器を鳴らさせ、あちらの楽器を鳴らさせる。ときに2つや3つの楽器を同時に鳴らさせもする。技術だなあ、と思う。そういう中で「僕との会話のターン」を遂行しに戻ってきてくれたとしても、こちらにも遠慮が生まれ、もはや先ほどまでのようにはいかない。お隣さんと話すにしても、どこまでひとつの話題を引っ張るのが適切なのかもわからないし、「僕以外の人と話したいだろうにな」と勝手に申し訳なくなってしまう。

「不安定な状態でのコミュニケーションは不得手」という感じはなにも酒場のような場所に限ったことではなくて、知り合いの展示を見に行ったらその人が在廊していたときであるとか、映画館で知り合いと偶然はち合わせたときであるとか、「正式にセッティングされたわけではない会話」全般が対象で、特に望まれていないかもしれないと思ってしまうともうダメだ。「軽く人と話す」が難しい。

それはともかくA子さんの店だ。今のようなパターンはまだラッキーで、カウンターが埋まっていてテーブルに通され、先客と相席となることもある。こうなると本当にどうしていいかわからない。ずっと煙草を吸っているのもバカみたいだし、ずっとスマホをいじっているのも同じくらいバカみたいで、だからといって未知の人と話すことは大変だ。A子さんの助けがほしいが、忙しそうだし楽しそう。これは困った。

でも、いられる。

それが言いたかった。でも、いられる。居心地はかなり悪いが、それでも決定的に無理というものでもない。だいぶ苦しいが、まだどうにか大丈夫。どうしてだろうか。それは、指揮者であるA子さんと面識があることで、自分がそこにいても大丈夫な存在として認められている感じがあるからだ。守られているような感覚がおそらくここにはある。

これが、誰のことも知らない店だったらそうはいかない。誰にとっても知らない人でありながら一人でのうのうと過ごしていられるような胆力は当然、僕にはいっさいない。では二人ならどうかと考えてみると、自分たち以外が全員知り合い同士だったらかなり苦しいが、一人でいるよりはマシだろう。知り合い同士の割合が高いものの自分たちと同じような二人組が数組でもいるような状況であれば、ほぼ大丈夫になるだろう。

それぞれ、何がどう違うのだろうか。僕は「結託の度合い」の違いだと考えている。

ある場所で過ごす際の心地よさを支える要因には、「自分が受け入れられている感じ」や「いていいんだと思える安心感」など、いろいろとあるが、その根っこにある大事なキーワードのひとつが「結託」だ。

「おひとりさまは基本的には脆く弱いデリケートでナイーヴな存在である」というのが僕の実感だが、その内実を見つめてみると、結託の度合いが著しく弱いからこそ心もとないのではないのか、となる。これは裏に返してみれば、結託の度合いさえ強められれば弱い存在であることをやめられる、ともなる。これはおひとりさまに差す一条の光明だ。

## おひとりさまの持ちポイント

結託の度合いは、ある種の「ポイントシステム」として考えてみると理解しやすい。これは高校時代に学内の序列を可視化しようと考案したシステムが基盤になっている。ポイント化してみると、直感に違わず自分が底辺をうろうろしていることがよく理解できた。

さて、初期設定として割り当てられるポイントは次の通り。

店の人＝20ポイント
常連・店の人と顔見知り＝10ポイント
一見さん＝２ポイント

この状態から始まって、誰かと仲間になり結託すると、その人のポイントが自分のポイントとして加算されていく。その合計ポイント数が場との結託の度合いを表し、それが高ければ気安く過ごせ、低ければ、なんとも居心地が悪い、となる。30ポイントを超えれば一人前とみなされる。

A子さんの店で考えてみよう。僕は「店の人と顔見知り」だから10ポイントの存在だ。そしてA子さんの庇護下にあるから、「店の人」の20ポイントが付与されて30ポイントの存在になる。さらに常連の人と話すことで、10ポイントが加算されて40ポイントになる。

ここで一見さんの四人組が来たとしよう。彼らは固まって話しているだけだから、「一見さん」の２ポイントが４つ集まったところでせいぜい８ポイントの存在だ。A子さんが四人の話に入り、店の人の力を授与する。そうすると彼らは20ポイントが足され、一気に28ポイントの存在になる。さらに、あとからやって来た常連が四人に合流する。知り合いだったらしい（「やだ、B夫さんのお友だちだったんだ？」）。すると「常連」のポイントが足され、なんと38ポイントにまで高まる！　いま店は、40ポイントの僕、50ポイントのお隣さん、さっき来た常連さんは58ポイント、四人組はそれぞれ38ポイントと、つわものたちの集まりになっている（疑問があるかもしれないが、僕もよくわかっていない。ここでは計算の正確性には拘泥せずに続ける）。

と、そこに一人の青年が入って来た（みんなが扉のほうに一瞥を投げる）。A子さんも我々も（我々！　なんというアットホームな言葉！）、彼のことを知らない。青年はカウンターの端の席に腰を下ろす。このとき彼は、たった2ポイントの存在だ。こういう状況こそが指揮者である店の人の腕の見せどころとなるわけで、居心地よく過ごしてもらうためには話しかけて20ポイントを与え、まず22ポイントの存在まで高めようとするだろう。さらにカウンターの他の客との橋渡しをして、三人で合奏するように促すかもしれない。そうすれば、二人からそれぞれ10ポイントずつをもらうから、42ポイントになる。そうなればもう、怖いことはない。談話の時間だ。さあ、一緒にやろう！

これこそがまさに店の人による采配であり技術で、こういったケアを怠ったとき、青年は2ポイントのまま肩身の狭い思いをすることになる。これがアットホームさの怖さであり地獄の正体で、30ポイントや40ポイントばかりの人たちの中でたった2ポイントしか持たずに過ごさなければいけないなんて、想像するだけで身の毛もよだつ。

これが広い店になると話が変わるのは、総じて結託の度合いが低い場所となっているからだ。常連の集まりで各人が30ポイントほどになっているようなテーブルもあるかもしれないが、たいていのテーブルは店の人と友だちとかではないので、その人数分、一人なら2ポイント、二人なら4ポイント、三人なら6ポイントと、どの人も低い水準となっている。だからこそ、一人でいて2ポイントの身であってもたいして気にならない。

それに、常連の人たちにしても、顔見知りだからといってべったりとスタッフたちと話し続けるような状況はそう起きないから、周囲の人には、彼らがまさか30ものポイントを持つつわものたちだということがわからない。特権性が可視化されない。そうなると脅威にならない。

また、これはまだ仮説の域を出ておらず検証が待たれるが、他の人が持つポイントというのは距離の大きさに比例して逓減《ていげん》していく性質を持つのではないか。自分が2ポイントで隣人が20ポイントだった場合には強い脅威として働くが、その人がずっと遠くにいた場合、自分のとところまで届く頃には4ポイントくらいになっている、とも言えるのではないか。そのようなわけで、一定以上の広さを持つ店が与えてくれる気楽さはまさにこういう点にもあるということだろう。

書けば書くほど、「俺はいったい何をやっているんだろう、何と戦っているんだろう……」という思いは強まる一方だが、まとめにかかろう。なぜおひとりさまが脆弱な存在なのか、心もとない存在なのか。すでに詳述した通り、ひとえにポイント数が低いからだ。先ほどの青年が2ポイントの状態から脱却し、のびのびと快適に過ごせるようになるためには、店の人や他の人からポイントを分けてもらうか、あるいは常連になってそのままでも10ポイントの存在になる必要がある。

一人で本を読む過ごし方の難しさがここにある。一人で本を読んで過ごしたいというときは、場に参画したい、他者と仲良くしたいわけではないからだ。それよりも今いる場所、この席を、他者から侵犯されない「自分の居場所」化する必要がある。彼にとって談話は侵犯だ。だから通常、店の人が20ポイントを与えようとしてくれても彼はそれを受け取りたくない。だって話をしに来たのではないのだから。そのために、2ポイントの、片身の狭い状態に甘んじなければならない。常連とは、店で過ごす機会を重ね、相互の理解を深め、つまり結託を果たしたことで気安くいられるようになった存在だと言えるが、そうなるためには読書の時間は犠牲にしてコミュニケーションのコストをかけるか、あるいはポイントの受け取りを拒否し続けたままとにかく場数を踏むことでいつか10ポイントに化けるのを待つか、そのどちらかだ。これは気が重い。塞いだ気持ちになる。

ただ、それだけとも言いきれないところに僕らの明るい未来があるように思われる。今も「通常、店の人が20ポイントを与えようとしてくれても彼はそれを受け取りたくない」と書いたが、ただ、談話に依らないで20ポイントを付与してもらえる方法があるとしたら？　他愛のないおしゃべりとは他のやり方で、店や他の客と結託する方法があるとしたら？　他のやり方で、店の人、あるいは他の人たちによって、「自分は今たしかに存在を認めてもらえている、ここにいることを肯定してもらえている」と強烈に実感さえできれば、その人は店の人や他の人からポイントを付与され、つまり場や人との結託を果たした存在となりはしないか。そうなりさえすれば、つわものとして、気ままに心地よく、読書に興じることができはしないか。

談話を介することなく30ポイント、40ポイントの存在になり、読書をして過ごすこと。それがおそらく、僕らが目指すべき状態だ。

## 店から見たおひとりさま

そのために必要なのは、店が発する明確な歓迎のしるしだろう。

「読書ですね。かしこまりました。全身全霊でサポートします。お気兼ねなく存分にどうぞ」

このくらいはっきりと感じられて初めて、結託も可能になる。だがここまで見てきたように、このような明示がされることはなかなかない。拒否はされないが、はっきりと読書の時間を応援するようなゴーサインはない。そこにはきっと理由がある。「読みたい客」の視点から一度離れて、店はどう考えるのかを想像してみることは無意味ではないだろう。読書をする人とは、店にとっていったいどんな存在なのか。

店は、継続していくに足る売上を上げ続けなければいけない。仕入原価、家賃、光熱費、人件費。走り続けるための金額を稼ぎ出すのは、簡単なことではない。飲食店の開業から3年後の生存率は30％と言われている。誰もすぐに畳むつもりで店を始めてなどいないのだから、難易度の高いゲームだということがわかる。
売上は、「席数×回転率×客単価」によって算出される。それぞれ「何席あるか」「一日の中で客が何度入れ替わるか」「一人あたりいくら払うか」で、それらの積が大きければ大きいほど売上は大きくなるわけだが、各項すべてを一律に大きくするということは、「肩が触れ合うようなギチギチの席にして、素早く利用して帰っていくようにして、高額の支払いがなされる」という想像しにくい状態だ。だから店はそれぞれの特性に応じて、どの項目を上げて、あるいは抑えて、総じて必要な金額をつくるか工夫することになる。その中でも、「席数」は変更のハードルが高い項目なので、日々の工夫の中でコントロールしやすいのは回転率と客単価だろう。

回転率は滞在時間が肝となる。飲食店経営指南の本を開いてみると、そこには「時間制限を設ける」「空いた皿をどんどん下げていく」「居心地が良すぎる店づくりを避ける」「時間短縮を意識した従業員教育を徹底する」というなかなかギスギスした言葉が並ぶ（どうも既視感があると思ったら、底なしの孤独を味わった店ですべて体験したことだった）。どんどんさっさと帰ってもらおう、ということだ。

時間制限を設けて明確に回転を確保しようと努めているのは居酒屋等のイメージが強いが、カフェや喫茶店にその課題がないわけではない。今この原稿を書いているコーヒーチェーンでも、「お客様に店舗を快適にお過ごしいただくため以下の事項はご遠慮ください。ご理解、ご協力をお願いいたします。」と書かれたシールが目の前に貼られていて、項目のひとつが「長時間の勉強やゲームによる客席利用」とあるし、以前入ったカフェでは「長時間にわたる席の占拠は他のお客様のご迷惑となりますのでご遠慮ください」という注意書きがあって、「占拠」という、席の利用自体が妨害行為であるかのような物言いに愕然としたこともあった。ともあれ、スターバックスのある店舗が試験勉強を禁止にしただとか、「長居」というのはインターネット上でもたびたび湧き上がるトピックで、僕自身もかつて経営していたカフェで「長居をされる方へ」というタイトルのブログを書いたところ大げさにバズったことがあった。多くの人が何かしら思うところがある話題なのだろう。

さて、読書だ。長居の問題のときにやり玉に挙げられるのはたいてい勉強やパソコン仕事で、読書に言及されるのは見たことがないが、それはきっとただ目立たない存在だからだろう。「今日はがっつり本を読みたい」と思ってその場所を探すときの僕たちは、はっきりと、長居する存在だ。つまりそれは、店からは回転率を下げる存在とみなされうるということだ。

回転率の増減に影響する指標として客席稼働率というものもある。これは「椅子の数と比べて実際どれだけ客がいるのか」を表すもので、「実際の客数÷満席時の席数」が計算式だ。僕は今、二人掛けの席に一人で座ってこれを書いているわけだが、仮にすべての席がこうなった場合、稼働率は50％になる。一般的には70％以上が望ましいとされるらしいから、いい状態ではない。つまり今の僕は、稼働率において好ましくない存在だ。読書をする人も同じだ。二人掛けの席は二人に座らせたいというのが、店の自然な欲求だ。

そして客単価。本を読む人は、どれだけ売上に貢献してくれる存在なのか。

以前、人の会話に聞き耳を立てていたところこんな声を聞いたことがあった。

「本当に好きな人の前だと緊張しちゃって私全然しゃべれなくなるから。緊張すると飲み物の話しかできないから私。気をつけて。超つまらない女だなって。飲み物大丈夫？　もう飲みな〜って。1時間に1回くらい聞いてるらしい」

意味なく挟まれる「気をつけて」というのがなんとも言えずいい。ともあれ、冗談みたいな言葉だが、これはけっこう核心を突いている。二人以上のときにはこの「飲み物大丈夫？　もう飲みな～」と言ってくる同席者がいる、ということだ。人と一緒のときのほうが、自分のペースや欲求だけではない要素がオーダーに影響を与えてくる。「もう1杯飲もうか」は「もう少し一緒にいたいな」の意であるといった類いのそれもそうだし、見栄みたいなものもかかわってくるだろう。また、口唇的欲求というのか、「唇で紛らわす」ということも、オーダーを加速させる要因だろう。僕自身、慣れない人たちが何人もいるような状況で飲酒をするとたいていペースを誤って飲みすぎて、眠りこけたり気持ち悪くなったりするのだが、これは精神の平静を保つためには唇でグラスに触れ続けていなければならないからだ。その頻度が高くなりすぎて身体の平静を持ち崩すパターンだ。

一人の場合なら、その場にい続けるための口実としての「もう1杯」は（店によるプレッシャーは別として）必要ないし、人のペースに同調・随伴することもない。緊張緩和の方策として用いることもない。「コーヒー1杯で粘る」という言われ方があるが、1杯で本当にいくらでも粘れてしまう。今現在の僕のように、「コーヒーを飲みたいのではなく、執筆のための場所代としてコーヒー代を払っているだけ」という感覚のとき、おかわりをする理由はどこにも見当たらなくて、客単価は最底辺に留まる。

もちろんそれは二人組でも起こりうることだし（見栄とは反対に、反感を買わないために追加を我慢するということも起きうるだろう。「〇〇さん、いつもおかわりするから高くついて困るんだよね」という陰口をママ友たちに言われないように……)、また逆に、一人であっても、飲食物に対する期待がある場合や、「今日はハレの日だから贅沢をするぞ。徹底的に自分を甘やかすぞ」という意気込みを持つ場合では、飲み食いを重ねる高単価の客になることもあるだろう。ケースバイケースであることは当然で、店にとっても蓋を開けてみなければわからないことだが、おそらく、自然状態において、「本を読みに来たおひとりさまのほうがたくさん飲み食いをする」という傾向にはならないはずだ。少なくとも、一人の客を見たときに、「やった！　おひとりさまだ！　高単価が期待できるぞ！」と喜ぶ店があったら、かなり特殊だ。

　このように検討してみると、店から見た本を読むおひとりさまという存在は、長居をして回転率を低めるかもしれない、テーブル席を一人で使って客席稼働率も押し下げるかもしれない、飲み物1杯で延々と粘って客単価も低いかもしれない、そんな存在だということがわかった。「ベストの客」と呼ぶのは難しい存在だ。

　では、すべての店にとってまったく受け入れがたい客かというと、そうではない。こんな姿勢もありうる。ずいぶん昔に書いた文章だが、先述した「長居をされる方へ」というブログ記事を全文紹介する。

## 長居をされる方へ

とても長い時間、お店におられる方をしばしば見かける。先日も昼過ぎに来られて昼飯を食べ、おやつの時間にお茶を飲み、夜になったら夕飯を食べ、それからもしばらく滞在して帰っていかれたお客さんがいた。それはかなり特殊な例ではあるけれど、何時間も何時間も過ごされる方はしばしば見かける。

多くの場合、そういうお客さんは会計の際に「長々とすいませんでした」というようなことをおっしゃる。どういった気持ちで言われているのかはよくわからないのだけど、そういう方にとても言いたいけどなかなか面と向かっているときには言えないことがある。それは「こんなに長くいてくださって本当に本当に本当にありがとうございます。ものすごいうれしいです。もうなんかお客さんがどんな人かは全然知らないですけど僕たちはあなたが大好きですといっても過言ではありません」ということだ。

時間は有限だ。一日はどうあがいたって24時間で、自由に使える時間なんていったら本当にたかが知れている。僕のことで言えば休みの日にはいつも悩む。この限られた時間を何にどうやって割り振ったら僕は満足して眠れるだろうか。どうやったらいちばん心地いい一日が過ごせるだろうか。時間というものは、本当に貴重だ。

そして、僕たちはカフェというものは何よりも心地よく過ごせる場所を提供する商売だと考えている。心地よく過ごせる場所、心地いい時間を提供し、その対価としてお金をいただく。オーダーいただいたご飯やお茶の代金をいただくのは便宜的なものに過ぎないとすら思う。究極的には、定められた入店料をいただいて金銭の授受は完了して「はい、あなたはこの場所で快適な時間を過ごす権利を買いました。いくらでもいてください。何か食べたかったり飲みたかったりすれば言ってください。個別のオーダーに対する料金は発生しません」というシステムであってもいいんじゃないかと思う（実際に入店料＋オーダー分の原価というバーはあるらしい）。

いくらか前に『TIME／タイム』というSF映画を観た。近未来、時間が通貨となり、何かを買うときには自分の時間で支払う。残り時間が0になったら死ぬ。貧乏とは少しの時間しか持たないことで、富裕とは多くの時間を持つこと。貧しいととても死にがちで困るので、富める者たちに反逆しよう、という話だ。つまらなかった。

ここでこの映画を出したのは、僕たちの感覚がかなり説明しやすくなる気がしたからだ。つまり、僕たちは場所を売って、時間で支払っていただく、というモデル。払われる時間が長くなれば長くなるほどバリューは大きくなり、僕たちの富は蓄積される。資本主義経済ではなく、時間主義経済。なんかそんなイメージ。

うまく伝わるだろうか。うまく伝わるように書けていない気がする。

まあつまり、限られた時間の中の小さくない割合をうちで過ごすことに割くという選択をしてくださることがうれしくありがたくて仕方がないということです。

滞在時間の長さが心地のよさに比例しているんじゃないか、長ければ長いほど、カフェモヤウという場所を気に入ってくださったわかりやすい証左となるんじゃないか、愛してくれたっぽくてなんかもう幸せです、という感じです。

なんかうまく書けないのでもうやめるのだけど、以上のことは、例えばご飯を食べにいらして食べ終わったら帰られる、みたいな方を否定するものではいささかもなくて、どうやらうちの店を好いてくださったっぽいなあ、と感じるときはいつだって本当にうれしい。

今日これを書いたのは、「４５０円で３時間粘るとかちょっと申し訳ないなあ」みたいに思われている方が少なからずおられるんじゃないかと思ったからだ。長居ということに対して僕たちがどう考えているのかを知ってもらいたかったからだ。客単価とか回転率とかライフタイムバリューとか、そういう軸じゃない喜びが店側にあるということを知ってもらいたかったからだ。あなたが心地よく過ごせば過ごすほど僕たちは超ハッピーなんです、ということを一度書いておきたかったからだ。

## 長居するおひとりさまを歓迎できる店の条件

「ライフタイムバリュー」という言葉を意味もわからず使っているのが恥ずかしい。書き方も随所に脇が甘く、最初に挙げたのが「長居だがたくさん飲み食いをする方」の話だったから、「高単価なら構わないじゃないか」という指摘を受けたこともある。そうした粗のある文章だが、総じたところは今もなお同意だ。

しかし、ここで書かれているのは、これまで考えてきたおひとりさま問題をすべてひっくり返す態度のように見える。長居をされるとうれしい。まったく大歓迎だ。なぜ堂々とそう言えたのか。

ふたつのことがそれを可能にしていた。先に立つのは「うちは長居できる場所であるべきだという意志」で、それを支えたのは、「売上に困っておらず機会損失を痛く思わないでいられる状況」。

僕たちは、「ゆっくりダラダラいくらでも過ごせる場所にしよう」という気持ちを明確に持っていた。なぜなら、そうできる場所が好きだったから。シンプルだが強い原動力だ。

そして、その気持ちにいかなる迷いも痩せ我慢も入り込まずに済んでいたのは、特に困っていない状況だったからだ。お客さんは十分にあったし、人件費も大きくかけていなかったから、金銭的な余裕がはっきりとあった。僕個人に関していえば「もう目一杯、もうこれ以上無理」

という感覚ですらあって、売上ではなく労働量に汲々としていたようなところがあったから、オーダーが少なければ楽だったし、満席でお断りするようなときも少しホッとしてしまうくらいだった。だからある意味、回転率と客単価を下げうる、客席稼働率も低くしうる「長居するおひとりさま」は、何かを損ねる存在どころか益のある存在ですらあった。とてもろくでもないことを言っている気がするが……（なお、僕は離れましたが、モヤウは現在も元気に営業を続けています。長居等についての見解は２０１２年当時のものである旨ご理解ください）。

　これはもちろん、多くの「そうじゃない過ごし方のお客さん」の存在があってこそで、仮に大半のお客さんがコーヒー1杯で開店から閉店までずっといるというような状況になったとしたら店は成り立たない。でもそれは、そうなったときに考えればいいだけだった。とにかく、自分たちが見たい光景を欲望するのを手放さないことだ。

　店は、計算式に則って売上を最大化しようとするものである一方で、計算式上ではとても合理的とは言えない判断も下せるものだ。非合理の部分にこそその店の精神のようなものが現れたりもするかもしれない。僕の場合は経営的な余裕がそれを実現させたわけだが、まずは意志や欲望だ。それがあれば、何かは始まる。

つまり、本を読む人への全面的な歓迎を明示する場所がほとんど見当たらないということの事態が告げてくることは、その意志や欲望を持った店がほとんどないということなのかもしれない。

「そんなことはない。そうしたい気持ちは山々だ。しかしやはりきれいごとだ。そんな余裕はない。どこもギリギリでやっている」。そんな反応が、記事がバズったときにいくつかあった（「迷惑だ」と直接言ってくる人もあった。「うちの店もそう考えていると受け取られたら困る」ということらしかったが、カフェを代表するような書き方なんてまったくしていないのに……）。

そういう言葉をいくつも向けられていると、長居する人を大歓迎し続けたいというのは、やはりきれいごとにすぎないのかもしれない、まともな経営判断としてはありえないのかもしれない、そう思いそうにもなったが、「でも、そういえば」となった。「でも、もっとずっとたちの悪そうな長居をしそうな存在が受け入れられている場所がたくさんあるじゃないか」。その存在とは「パソコン作業者」であり、その場所とは「ノマドワーカー向けカフェ」だ。この人たちを受け入れることは、回転率や客単価の観点で見れば不合理な判断に見える。でも彼らには、いくらでも居場所がある。その状況を考えてみるにつけ、読書が被る不遇は、やはり意志や欲望の欠如だと断じてしまいたい。もっと言えば、本を読む人というのは、多くの人に、根源的な畏れのようなものを感じさせる存在なのではないか。自身の存立を脅かしてくるような、不穏な、不気味な存在なのではないか。

読書の居場所がこれだけ与えられていないのは、なにも「回転率」とか「客席稼働率」とか「客単価」とか、計測可能な性質だけが理由になっているわけではなくて、読書という行為自体が孕むネガティブな性質にあるのではないか。

第５章

# 読書という不気味な行為

## ノマドワーカーの社会性

いつもと同じコーヒーチェーン店、あるいは同じチェーンの別の店舗、また違うコーヒーチェーンの店もあるし、チョコクロワッサンチェーンの店の一人掛けソファ席もよさそう。少し足を伸ばせば好きなカフェもあるし、あるいは少し前にできた「クリエイティブ」を謳うカフェも使えるだろう（鼻につく雰囲気だからきっと行かないだろうけれど）。たまにはファーストフード店でハンバーガーを食べながらというのも悪くない。いつ見てもたくさんの白いリンゴのマークが窓際に並ぶ、よく前を通っているホテルのラウンジにとうとう入ってみるのもありかもしれない（しゃらくさいからやっぱり無理）。

今日はどこでこの原稿を書こうかと考えた際に浮かんだ候補だ。パソコンで何かをしようと思ったとき、選択肢は潤沢に用意されている。多くの場所がＷｉＦｉを飛ばしているし、電源のある席にも事欠かない。パソコン仕事を後押ししてくれる。

これは不思議といえば不思議なことで、パソコン作業というのは勉強と並んでしばしば長居の批判の対象にもなるし、先に見たように注意喚起の貼り紙がされていたりもするわけだし、簡単に時間が溶けるからいくらでもやり続けられるような気になる行為だし、実際に非常な（非情な？）長さの長居は日常茶飯であろう。そんな行為にもかかわらず、させてもらえる場所というのは無数にある。

もちろんその多くは、あくまで「させてもらえる場所」「できちゃう場所」ではあって、その点では読書とそう変わらないかもしれない（ただ、パソコン作業はＷｉ・Ｆｉや電源のサポートを受けているから、やはり読書よりは優遇されているというか、ちゃんと考慮されている）。しかし読書とは大きく異なり、パソコン作業には、コワーキングスペースのような「完全に専念できる場所」がいくつも用意されているし、隔てなく開放しつつも、その人たちの便益が何よりも優先されているように見える場所もたくさんある。

パっと思いつくのは渋谷のファブカフェや新宿のカフィスくらいだが（特にファブカフェは僕も仕事をするために日参していた時期があり、コーヒーやフードがちゃんとおいしいのもうれしかった）、「ノマド　カフェ」で調べたらいくらでも出てくる。いずれもパソコン作業者の利用が前提にあって、その利便性や快適性が抜かりなく考えられている。読書の不遇を考えると、天と地ほどの差がある。この違いは、なんなのか。

ファブカフェもカフィスもそうだが、運営元がインターネット関連企業で、いくつかの事業の中のひとつとして運営されているというところに理由を求めることもできるだろうか。そういった会社の人たちはおそらく外でパソコンを広げて仕事をする機会を多く持つ人たちだ。そんな人たちがつくった店だ。自分たち自身にはっきりとしたニーズがあるわけだから、ターゲットも明確に設定できるし、提供するサービスの設計も適切にできる。同類・同朋たちを応援したい、彼らの幸福に寄与したい、という意志の部分も固く持てる。

また、飲食事業単体の収益については大きな期待を寄せていない、依存していない、という可能性もあるかもしれない。あくまで企業のブランディングの一環という位置付けで、店舗での体験を通してブランドへの好感や信頼を育んでもらったほうが長期的には大きなベネフィットを得られる、という判断はきっとあるだろう。

翻って読書の世界はどうだろうか。同類・同朋たちの「読む」を応援したいプレイヤーはどこかにいないのか。たとえば出版社であるとか。出版取次でもいいし、もちろん書店もありだ。

でもそんな動きはほとんどない。

その中で、取次大手の日本出版販売が手がけた「本と出会うための本屋」であるところの「文喫」は、「読む」の応援に近いように一見思えた。入場料を支払って入る書店で、コーヒーと煎茶がおかわり自由。たくさんの座席が用意されていて、販売されている約3万冊の本は自由に読むことができる。ただ、「文喫」は「本と出会う」ことこそが主眼であり、ウェブサイトを見ると「選ぶ」や「吟味する」という言葉が用いられ、「読む」は周到に回避されている。「読」の字が登場するのは一度だけだし、実際に行ってみると、本を読んで過ごす人もたしかにいるが、おしゃべりやパソコン仕事に没頭する人たちも大勢いる。

せいぜいそのくらいで、「読む」をサポートする目ぼしい空間は思いつかない。出版業界の人は、「最適化された環境で本を読みたい」というニーズを持たないのだろうか。あまりに日常的に読んでいるためサバイバル能力が高まりすぎて、どんな環境でも問題なく読めてしまう、だからわざわざ読書のために用意された場所なんかには必要性を見いださない、そんな必要は想像したこともない、というような読書の猛者みたいな人たちばかりなのだろうか。

あるいはそもそも、今の出版業界には別事業を始めるような余裕もないのかもしれない。では、「ラカグ」は? 新潮社は2014年に「『衣食住＋知』のキュレーションストア」であるところの「ラカグ」をオープンさせたが（2019年3月に業態変更）、こんなものをつくるくらいなら、読書のための場所をつくったほうがよほど新潮社のブランドを高めたのではないか。ひいては読書の楽しさをより強くより多くの人に伝え、あるいは再発見させ、読書文化の裾野を広げていくことにも寄与したのでは——。

「その性質上経済的には最も困難多きこの事業にあえて当たらんとする吾人の志を諒として、その達成のため世の読書子とのうるわしき共同を期待する」ではなかったのか？　こんなことが世の読書子とのうるわしき共同の姿なのか？　間違えた。これは岩波文庫発刊の言葉だった。大変失礼しました。それに、ドストエフスキー、カフカ、フォークナーをはじめとする新潮文庫、ガルシア＝マルケスやトマス・ピンチョンの全集を刊行し、そして新潮クレスト・ブックスシリーズを世に送り出し続けてくれる新潮社に対して僕は深く大きな感謝の念を抱き続ける身であり、さんざん言ってしまったが、大好きな出版社です。

　ともあれ、世のパソ子とのうるわしき共同はたくさん実現されているわけだが、読書子はさっぱりだ。読書子なんて存在しないものとされているようですらある。

　この不条理な状況を見つめ続けていると、「読書という行為自体に問題があるのではないか」という気になってきた、というのが前章の終わりに至った考えだった。「ひょっとして読書は、周囲の人にとって、得体の知れない、魔術的な、不気味な行為ですらあるのではないか」という、被害者意識が結晶化したような考えに行き着いてしまったわけだが、あながち大間違いでもないかもしれない。

## 火葬場で本を読む人

家以外の場でおこなわれるパソコン作業も読書も、ともに、パブリックなスペースを自分の居場所化する行為だ。連れ立っておしゃべりをしている人たちと比べると、ずっと外に開かれていない、内に閉じられている、という感じがある。そして、パソコンよりも読書のほうがその閉じられ度合いがずっと深刻なのではないか。

ふたつの特性が、読書という行為に不気味さをまとわせているように思われる。排他性と非生産性だ。

パソコンでの作業は一見すると「パソコンと自分だけ」というクローズドなものにも思える

が、「作成した企画書を誰かに送信する」というような、その向こう側の生きた他者と何かを共有している状態を想像しやすい。これは、実際にはそうではなかったとしても変わらなくて、「作業者とパソコンのあいだだけで完結してはいないかもしれない」という可能性を感じられるだけで有効だ。排他の手前にとどまっている。

　それに、周囲を遮断しているように見えて、その実、話しかけたら応答してくれそう、という感じもある。これも「そのパソコンの中にはきっとメッセージングアプリも入っているはずだ、なんなら起動もされていて今現在誰かとやり取りを交わしているかもしれない」という憶測が成り立つことがもたらす感覚かもしれない。あるいは画面と目の距離の問題か。それはけっこう離れている。お邪魔する余地がありそうだ。つまり、パソコン作業者はコミュニケーションへの回路がまだ開かれているように見える。完全に閉じられてはいない。

　それに対して本というプロダクトにはＬＩＮＥアプリもツイートボタンも内蔵されておらず、本を開いているその時間において、その人は本以外のものとかかわっていない。そもそも他者との共有や周囲とのコミュニケーション以前に、本を読んでいる人がいるのは、今ここととは別の、断絶された、異なるレイヤーの世界であり、たとえ実態はページの上を目が滑り続けてずっと今日の夕食のことを考えていたとしても、周りからはわからない。別世界に深く沈潜しているように見える。とても今現在の世界とは接続されていなそうで、周囲の人にとって、本を読む人は自分たちをまったく無視した排他的な態度をとっているように感じられる。自分たちの存在を意に介さず、ないものとして扱っているように感じられる。話しかけでもしたときには露骨にため息をつかれそうな気配がある。「離脱」というやつだ（たぶん）。これは、とても不穏当で不愉快な存在だ。

祖母の葬儀のときに火葬場の控室で本を読んでいたところ、あとで親戚の一人に「あれはないと思うよ」と言われたことがあった。僕の知る限りその親戚もスマホを見ていたはずだったが、本とスマホとでは違うらしいし、その違う感じをわからないと言えばそれは強弁となるよな、という感覚が僕の中にもある。実際、本を開いているとき、「話しかけないで」とたしかに思っている。

## いつも一人でべつな場所に行ってしまう

現存する日本最古の印刷物は「百万塔《ひゃくまんとう》陀羅尼《だらに》」というお経で、これは西暦７７０年に完成したそうだ。一瞬「日本最古、そんなものか？」とも思ったが、グーテンベルクの活版印刷技術の発明が15世紀だから、やはりたいしたものだ。１２００年以上ものあいだ、この印刷物は同じ文字を映し続けているわけで、歳月の長さを考えようとすると途方もない気持ちになる。

本というプロダクトは不変性を持っている。ある本が映し出しているものは、常に／いつまでも、その本の中身だけだ。

他方、パソコンであれスマートフォンであれ、ディスプレイが映し出すものは言うまでもなく可変的で、僕は今パソコンでテキストエディタを開いているわけだが、1分後にはツイッターを見ているかもしれないし、プロ野球の記事を読んでいるかもしれない。今、隣の人が見ているスマホの画面も、くるくる変わる。もしかしたら、同じ野球の記事を見ているなんてこともあるかもしれない。

パソコンやスマートフォンの画面の可変性が人にもたらすものの中に、「同じものを見ているかもしれない／見ることができるかもしれない」という淡い連帯の感覚があると言ったら極端だろうか。乗っている電車が緊急停止したとき、一斉にスマートフォンが取り出され、一呼吸置いて顔が上げられ、ふと前の人と目が合う。「○○駅で人身事故みたいですね」「ですね」と言い合う、あの感じ。

もちろん、たとえば僕が見ているテキストエディタにしても、あるいはメッセージングアプリでのやり取りにしても会員制のウェブサイトにしても、すべての人がアクセスできるわけではない領域というのはそれこそ広大にあるわけだが、しかしどこまでも、「でも見ているのはツイッターかもしれない」の可能性はゼロにならない。このことが、パソコンやスマートフォンを開いている人間の周囲に（そんなことを考えている人はいないだろうが、潜在的に）安心感を与える効果がある。たとえ微弱ではあれど、つながりを担保し続けてくれる。

　ところが紙の本は、その本の内容以外を映し出している可能性を持たない。ということは、その本を読むためにはその本を実際に手にしなければならない。しかしよほどの偶然でもない限りは、その本が自分のバッグに入っていることはない。つまり、同じ空間に居合わせた人が読んでいるその本の内容に、その本を持っていない人がアクセスできる可能性は奪われている。

　今、あの人が読んでいる本にアクセスできるのはあの人だけ。この排他性。ざわつく車内で、誰もが緊急速報を見るためにスマホを出す中で、本を開き続けている人。「あいつだけは確実に同じものを見ていない」「俺が今あいつと同じものを見ることは決してできない」。この不穏さ。同じものにアクセスするためには、「差し支えなければその本を一緒に読ませていただけませんか？」と言って頬が触れ合うところまで顔を寄せるしかない……。

コミュニケーションに対するバリア、アクセス権の占有。読書をする人は極端にクローズドな存在だ。読書のこの排他性と比べたら、パソコンを広げる人なんてほとんど完全にオープンな存在とすら思えるほどだ。

　正直に言えば、テレビを長時間見る人間は暇で孤独か知性がないかのどちらか（あるいは両方）だと決めつけて、内心軽蔑していた。だから夫が休みの日は終日（平日も毎朝、毎晩）テレビを見ることに、最初はひどく戸惑った。でもいまは、それをある種の優しさだと感じられるようになった。すくなくとも、本ばかり読んでいられるよりはずっとましだ。テレビならば夫がいま何を見ているのかわかるし、一緒に見ることもできる。

「お部屋にあんなお風呂がついてるの？」

　と言うこともできるし、

「この人は女優さんなの？　それとも昔のアイドル歌手か何か？」

　と訊くこともできる。たぶん、〝共有〟の問題なのだ。テレビを見ている夫を、渚はいまここにいると感じることができるが、本ばかり読んでいた稔のことは、そばにいてもいないようにしか感じられなかった。渚をそこに置き去りにして、いつも一人でべつな場所に行ってしまうようにしか――。

江國香織『なかなか暮れない夏の夕暮れ』（角川春樹事務所）p. 105

## 非生産性にたじろがない人／圧倒的成長を志す人

今、僕は、とても生産的なことをしている（「凄惨敵」とまず変換されてぎょっとした。どういうことなんだろう……）。パソコンを前にして、文章を書いている。言葉をひとつずつ、文字通り、生産している。最後までしっかりがんばることができたら、本になるはずだ。本になれば、印税も発生する。がんばり通すことができたら、その経験は僕に自信を与えるだろう。成長――それも圧倒的な。

そう、未来へ――。

このように、パソコンを前に何かに勤しむ人は、今の僕と同じように極めて生産的な状態である可能性が多々ある（もちろんそうじゃない可能性も多々ある）。それに対して読書というものは、第2章でも述べた通り、喜びのためにされるものであり、そこで目指されるものは、今、その場においてのみの、享受だ。面白そうだから読む。知りたいから読む。行為があるだけ。プロセスがあるだけ。それが読書で、それは何も生産しない。

ここに読書の不気味さは宿るように思う。まったく非生産の行為に人間が従事し続けるその光景は、生産性で価値の有無を測ることに慣れきったこの社会において、極めて不可解で、それゆえに不快なものなのではないか。

業務時間中のオフィスでも想像してみてほしい。人々はパソコンや書類や電話に向かって、働いている。何かに、働きかけている。打ち合わせをしている小集団がいる。印刷した資料をどこかへ持っていく人がいる。人々はそれぞれに何かしら生産をしている。その渦中で——想像してみてほしい——一人、姿勢よく椅子に腰掛けたまま、身動きもせず、しゃべることもせず、まっすぐに前を見て、穏やかで満ち足りた顔をしている人間。そんな人間がいたら、「どうして？」と思わないわけにはいかない。なぜその状況に耐えられてしまうのか、生産側の人間には想像がつかない。仕事がいくらだるいと言っても、毎日のように「会社やめたい」と思っても、こんなふうにしたいというわけではない。代わりの生産行為を探すはずだ。しかしこの人は、まるで仏様のような表情で、非生産の時間を甘受している。周囲の人間の胸がざわついたとしてもまったく不思議ではない。

　本を読んでいる人も、こう見えているのではないか、ということだ。

　あるいはこれは、「読書とは何かを学ぶための行為ではなく、ただ喜びのためにされる営みだ」という、強弁に近い持論ゆえの見誤りであり、むしろ正反対かもしれない。つまり、読書は非生産的な行為と見られて気味悪がられるのではなく、過剰に生産的な行為とみなされるがゆえに忌避される、という説。読書という行為を「新しい知識や情報を得る」ためのものと多くの人が捉えていることは前に見た通りだ。ということは、公の場で読書をしている人は、黙々と、高い志と目的意識を持って、圧倒的に成長しようとしている人に見えるのかもしれない。

「まったりツムツムしよ」

「溜まった鬱憤を吐き散らそ」

　そんな時間を過ごそうとしている横で、本を読んで、成長のための具体的行動を起こしている者がいる。

「ああそうだ……資格試験のための勉強……しないといけないんだった……」

そんなふうに、せっかくの穏やかな時間が台無しにされたような気分になるのかもしれない。

そういうわけで、読書という営みは排他的で非生産的（あるいは過剰に生産的）な行為と言える。いずれにしても極端なそんな行為に公衆の面前で没頭する存在は、不可解で不穏当で不快で不気味なものに映るという説は、かなり暴論めいてはいるが、完全な見当違いではないのではないか。

社会の価値基準を攪乱し転覆させようとする、秩序の紊乱《びんらん》だとの誹《そし》りは免れ得ない、ラディカルで危険で暴力的な行為、それが読書。

「そんな行為のために場所を与えるなどもってのほかだ。いや、駆逐しろ。あんなことをさせていてはいけない。あんな存在を許してはならない」

人々がそう潜在的に思っているからこそ、読書をめぐる状況がこのようなものになっていると考えたら納得もいく。私たちは社会から敵視されている！

これがどこまで妥当な考察なのかはわからない。さすがに妄言だと言われても、強く否定する気は起きない。ただ、ここまでずっと見てきたように、次のことはたしかに言える。

僕たちには本を読むための場所が与えられていない。読むことはできるかもしれないが全面的な歓迎を明示してくれる場所は、ほぼ与えられていない。これは読書という文化にとって、どうなんだろう。惜しいことに思えてならない。

## 映画に映画館があるように

ひとつの文化が根を張り、幹を太くし、葉を豊かに茂らせていくために、そして茂ったその葉を瑞々しく保つために、「そのことに専念できる場所」が果たす役割の大きさは、どれだけ言っても誇張にならないほど大きい。重要だ。

映画には映画館がある。ゴルフには打ちっぱなしやゴルフコースがある。音楽にはライブハウスやスタジオがある。スキーにはスキー場があって、ボルダリングにはクライミングジムがある。スケートボードにはスケートパークがあってヨガにはヨガスタジオがある。

それぞれ、そのための場所がなくてもその文化は存在するだろう。それぞれがこれまで存在してきたように。しかし、「そのことに専念できる場所」があることによる恩恵は計り知れないはずだ。もし映画館がなくて、小さな画面としょぼい音響でしか映画を観ることができなかったら。もしスキー場がなくて、野山を一歩一歩自分で登ってでしか滑ることができなかったら。もしスケートパークがなくて、注意されたり迷惑顔をされたりするリスクを常に抱えながらしか遊ぶことができなかったら。心置きなく没頭できる場所を抜きに、それぞれの文化の裾野は、今のような広さにはなっていないはずだ。

なくても構わないかもしれないけれど、あったほうが、絶対にいい。ない世界とある世界だったら、ある世界のほうが豊かだと、それぞれの文化の愛好者は思うに違いない。場があったからこそ、臆することなく始めることができた。そしてそれが今では大切な趣味です。そういう人もたくさんいるだろう（「クライミングジムなんて邪道。自然と抱き合ってなんぼ」という人ももちろんいるだろうけれど、いたずらに門戸を狭くしたがる古参の人間というのはどの文化にもいる。本当になんというか、放っておこう）。

だから読書にも、そういう場所があったほうがいい。

心置きなく、なんの気兼ねもなく、読書をすることに最適化された場所。読書をするという過ごし方にこそ向けられている場所。読書をする人こそが主役となる場所。

そういう場所があったほうが、ないよりも、絶対に、いい。

それは、そういう場所がほしくて仕方がない人間がつくったらいい。

## 先入観は可能を不可能にする

「翔平に「ピッチャーとバッターってどっちもできないのかね」って言っちゃったんです(笑)。高校時代のあの子はピッチャーとして結果を残せなかったし、不完全燃焼でした。バッターとして先に芽が出ちゃっているようにも見えましたし、だったら両方やればいいのにって……」

　この加代子さんの言葉に対し、大谷は「プロの世界は死にもの狂いでポジションを奪おうとしている世界なんだから、どっちもやりたいなんて、やってる人に失礼だよ」と反論していたのだという。しかし、花巻東高校の佐々木洋監督から教えてもらった「先入観は可能を不可能にする」という言葉を胸に刻んで、高校生の時点で、１６３㎞という目標を設定していた大谷である。加代子さんが何気なく口にした先入観に囚われない発想は、彼の頭の片隅に残っていたのではないだろうか。加代子さんはこうも言っている。

> 「そんなの無理に決まってるとか、非常識だっていうみなさんの声を後から聞いて、そういうものだったのかと思いました。ただ、昔から翔平には人のできないことをやってみたいという冒険心があったと思うんです。どっちもやるんじゃ、２０００本安打も２００勝も無理だねって言われるんですけど、翔平一人で１０００本安打と１００勝じゃダメなのかしらね（笑）」
>
> 石田雄太『大谷翔平　野球翔年Ｉ　日本編　２０１３-２０１８』（文藝春秋）p.8-9

すでに書いたように、バズった記事に寄せられたコメントの中には否定的だったり懐疑的だったりするものもあって、その多くは同じように店をやっている人であったり、そうでないにしても店側の視点に立ったものだった。「現実は甘くない」「東京じゃ不可能」等々、「知らんがな」と思いながらも素直に傷ついたりしていた。同時に、人はけっこう簡単に思考停止するんだな、とも思っていた。

「たとえコーヒー1杯であれ、お客さんには時間を気にせずに、いくらでもゆっくり過ごしてほしい。それを全力で歓迎したい」と思ってはみても、「本当はそうしたい。しかし現実は甘くない」、それで考えを止めてしまうようだ。でも諦めの言葉を吐くこの人たちは、本当に、それを欲望しているのだろうか。実現するための方法を試行錯誤したこと、それ以前にその方法を考えてみようとしたことは、一度でもあるのだろうか。そもそも、「もしかしたら可能かもしれない」と思ってみたことは、一度でもあるのだろうか。ネガティブな意見を寄せてくる人たちの態度は、欲望する前から諦めている、怠惰な、短絡した、ただの思考停止の産物として僕の目には映った。

本当にそれ、できないかな？

やれる方法って本当に、ないのかな？

期せずして、解決してみたい問いが生まれるきっかけになった。そのあと、高円寺の読書喫茶室「アール座読書館」という偉大な先達との出会いもあった。そしてフヅクエが生まれた。

こんな店になりました。

# fuzkue

# 本の読める店

## 案内書きとメニュー



Web 等をご覧になっていてフヅクエがどんな店なのかをすでにご存じの方は、長いですし、先にオーダーされてもいいかもしれません。もちろんじっくり読まれてからでも、どちらでも。
いずれにせよ、ある程度は目を通されたほうがのびのびとしたいい時間を過ごしていただけるはずです（スポーツでもなんでもそうですがゲームの規則を把握しているからこそ十全に楽しみきれる、というような）。

初台店で実際に使用している「案内書きとメニュー」の「案内書き」部分をこちらに掲載しています（2020年6月時点）。なお本書収録にあたり、レイアウトを一部調整しています。

## はじめに

本日はフヅクエにお越しいただきありがとうございます。
貴重な一人の時間を大切に、贅沢に、心地よく過ごしていただき、ここでの時間が明日への活力というかよりよく生きるぞみたいなモードであったり希望の根拠のようなもの、をもたらすことができたら最高だな、そんな場所であれたら最高だな、と、そんな気持ちでやっています。世間みたいなものやしがらみみたいなものからしばし隔絶された時間を、お気兼ねなく、心ゆくまでゆっくり楽しんでいただければうれしいです。

フヅクエ 阿久津隆

## 基本的な説明

### フヅクエは「本の読める店」です

「本の読める店」は、「今日はがっつり本を読んじゃうぞ〜」と思って来てくださった方にとっての最高の環境の実現を目指して設計・運営されています。この店が考える「たしかに快適に本の読める状態」は、大きく分けて2つの要素から成り立っています。ひとつは穏やかな静けさが約束されていること、もうひとつは心置きなくゆっくり過ごせること。そういうわけで、

### 静かな時間をお過ごしいただけます

当たり外れの決してない、約束された静けさをつくりたいと思っています。どうぞ、心穏やかで豊かな時間を過ごしていってください。

### ゆっくりゆっくりお過ごしいただけます

どうぞ、なににも気兼ねすることのない時間を、ゆっくりゆっくり過ごしていってください。4時間や5時間過ごしていかれる方は日常的にいらっしゃいますし、11時間お過ごしになった方もおられました。気の済むまでゆっくりしていってください。

### 読書以外の過ごし方

「本を読まなくちゃいけない店」ではなく、「本の読める店」です。「たしかに快適に本の読める状態」を守ることがこの店のすべきことであり、読書以外の過ごし方を排除することではありません。ですので、編み物なり考えごとなりお絵かきなり、どうぞ、それぞれのナイスな時間を、気分よくのびのびと過ごしていってください。

ただし、いくつかご協力いただいていることはあります。下記をご確認ください。

## 「たしかに快適に本の読める状態」を守るために ご協力いただいているいくつかのこと

「たしかに快適に本の読める状態」を守るために、また、気持ちのいい、贅沢で滋養のある時間を過ごしに来られた方の時間の質を守るために、下記の通り、いくつかのことについてご協力いただいています（映画上映前の鑑賞マナーのご案内みたいなやつです）。

### お連れさんどうしの会話

お連れさんどうしの会話は厳密にご遠慮いただいております。これは、「前回は静かで快適だったけど今日行ってみたら話す人が近くにいて本に集中できなかった……」みたいな当たり外れのリスクをつくってはいけないため、つまり約束された静けさをつくるためです。お連れさんどうしの会話は「帰る？」等の事務連絡だけでお願いします。こそこそ話も筆談もご遠慮いただいています。どうぞお一人ずつの独立した時間をお過ごしください。

### 写真撮影

パシャリしてSNS等に上げていただくことは大歓迎、とてもありがたい、ぜひお願いします！　という姿勢ですが、撮影に際してはいくつかご注意ください。シャッター音はやはり強い音になりますので、立て続けのシャッター音は2パシャリくらいまでにしてください（気にせず撮れる無音カメラアプリはおすすめです）。また、他のお客さんが写り込まないようお気をつけください。なお、今読まれているこれらの文章やメニュー表の撮影はご遠慮いただいております。なんとなく何かが掠め取られるような感覚があるた

めと（なんでだろう）、ここに書かれた文章はこの環境で読んでいただいてこそのものだと思っているためです（背景に写っているのとかは全然ありです）。

## ペンのご使用

「ペンまで www」という感じの項目ですが、意外に無視できないもので、耳に障る音を発生させやすいです。当人は音が鳴るタイミングを知っているので驚かないですが、近くで不意に生じる強い音はけっこうなびっくりを与えてくるものとして耳と意識に飛びこんできやすいです。それに加え、たとえ無意識にであれ、「また鳴るのかな……」と身構えた状態でいることは、余計なストレスを感じるものだと考えています。そういったわけで、下記、ご注意ください。

・ペン先を出すとき
「バチン！」とはさせずに、音が和らぐようにやわらかめにおこなってください。また頻度が高いとなかなかバチバチ意識を蝕むため、いたずらにカチカチすることは慎んでください。

・ペンを手放すとき
ペンを使うということはそれに伴って「ペンを机に置く」という動作が生じるわけですが、そのときに手放す位置がうっかり高いと強い音が響き、近くの方をびっくりさせることになります。丁寧にお置きください。

・すっごく書くとき
なんか、やたらカチャカチャカラカラ音の鳴るペンってありますよね。あれはなんのためのどういう仕様なんでしょうか。ともあれ、特にそういったタイプのペンで猛烈に書くと、チャチャチャチャと音が響くとともに慌ただしい感じを周囲の方に与えるため、ご注意ください。

## 周囲に伝わるほどのどんよりとした空気、あるいは猛烈な勢い

これは映画館であるとかなにかの記念日のディナーみたいな、「ちょっと贅沢気分で十全に楽しみたい」みたいななにかしらの場面を考えていただくとわかりいいと思うのですが、せっかくいい時間を楽しんでいたときに、隣から退屈そうな大あくびや重い重いため息が聞こえてきたりしたら、決して気持ちのいいものではありません。周囲の気分よく過ごしている方に対して適切な敬意をお払いください。

猛烈な勢いについては、しゃかりきな勉強や仕事がそうなりがちですのでご注意ください（この場所以外でそんなことを言ってくるところもそうそうないと思いますので、すっごく勉強や仕事をしたい、という方はきっと他の場所のほうが快適でいいと思います）。

## パソコンやキーボードのご使用

ほとんどお使いいただけない、といったところです。

ハードウェアキーボードのタイピング、マウスのご使用、断続的なクリックについてはご遠慮いただだいています。

そうなるとお使いいただけるのは閲覧くらいに限られるかと思います。タイピングは、検索とショートカットのみしていただけます。「少し打ちたいな」というときは外の階段であるとかでお願いします。というとなにかとても排除っぽさがありますが、読書をしている人たちのなかで肩身の狭い思いをしながらするよりもそちらのほうがむしろ気楽でいいのではないかと思います。

検索等におけるタイピングについても、エンターキー等決定打の「パチン！」、指から遠い位置のキーの「タン！」等、総じて大急ぎ＆指の離れたタイピングは響く音をつくりやすいので、やわらかくなめらかにお願いします。

タッチパッド等のクリックについては、たまにのものであれば気になりませんが、続くと、ペンのカチカチと同じように意識をトントンと叩いてくる性質があると思います。何度もクリックする必要のある場合には、環境設定等からタップでクリックするように変更できるはずですのでご変更ください。

ずいぶん細かくて恐れ入ります。本当はなめらかでやさしいタイピング音はまったく気にならない、なんならちょうどいいノイズにすらなる、と考えているのですが（なので僕やスタッフはパソコンを使います）、コントロールするためのコストが高すぎると判断し（要は注意しないといけない状況が生じることに疲れた）、ある時期からこんな形になりました。

## イヤホン装着時

シャカシャカさせないよう音量にご注意いただくとともに、自身の発する音がシャットアウトされるためか音がなにかと大きくなりがちですので、ペン等のご使用があるときはお気をつけください。

## 番外編（しかし大事）　置いている本の閲覧の手続き

本は、店主やスタッフたちの私物を詰め込んでいるもので、それぞれに大事な本であるため、基本的にはお席で読むのはご遠慮いただだいています。

ただし、読まれるのが嫌だ、みたいなことでもないため、読みたい本がある場合はお申し出ください。図書カードを発行しますので、そちらに必要事項をご記入いただいたうえでお読みいただけます。一度につき２冊まで閲覧いただけます。返却は、「これ戻しますね」のお声がけのうえで棚に戻していただくか、僕らに渡していただくか、という感じで。

いささか面倒なお手続きで恐れ入りますが、「ご自由にお読みください」ですと、どうし

てもラフな扱いをされることが起きてしまいます。
そこで、吟味と記帳という一呼吸と一手間を掛けていただくことで、「他人の物を借りているわけだから、大切に扱わないと」という意識が生じやすいんじゃないかな、みたいなところでの、これです。その意識は、一見すると面倒ですが、その実、いくらか気持ちのいいものだったりもするんじゃないかな、みたいなところでもあります。

本は丁寧に扱っていただきたく思っていて、それは雑な扱いを見ると本が気の毒で悲しくなるためです（僕が）。自分のものではない本の扱いにおける丁寧ラインというのは微妙な問題で、僕自身もどのあたりが社会的なコンセンサスの取れるところなのかまったくわからないのですが、フヅクエにおいては次の通りとします。

開いた状態で伏せて置かない。めちゃくちゃ強く開かない。カゴの中等の不安定なところに押しやらない。食べ物や飲み物で汚さないように気をつける。できるかぎり元の位置に戻す（元の位置がわからなくなった場合は本当にお気軽におっしゃってください）。ついているページの折り目を直さない。

本を読むのにこんな気の配り方をしていたら疲れちゃうよ、という場合は、恐れ入りますが（と言いつつひとつも恐れ入ってもいないのですが）ご自分の本をお読みになってください。自由にのびのびと読んでいただけると思います。

## いろいろ書きましたが、

張り詰めた静けさをつくりたいわけでは一切なく、あたたかみのある、リラックスできる静けさを目指しています。ですので、物音を立てないでください、オーダーの際も声をひそめてください、みたいなことではまったくありません。むしろ、ページをめくる音であるとかグラスを置く音、衣擦れ、そしてキッチンの音や窓を通してうっすら入りこんでくる町の音、ときおり聞こえてくる店の人間とお客さんのやり取りの声、そういった様々な音と流れている音楽がないまぜになり、ちょうどいいノイズがつくられたらいいな、と思っています。

そのうえで、この場所が最上位に守ろうとしている、心地よい静かな時間を享受している方の体験の質を損ねないためにも、上述のようにいくつかのことについてご協力いただいています。
また、上述のこと以外でも、「これは耳に響くかもな、意識が取られるかもな」と判断したときはお伝えさせていただきます。自身では音の響きようは判断しにくいところがありますので（僕やスタッフのタイピング音等も耳に障るときは教えていただけたらすごく

ありがたいです)、「注意」というニュアンスよりは「お知らせ」に近いものとして受け取っていただけたら、こちらとしては救われます。また、「お声がけしていない＝特に響いていない」と捉えていただければと思いますが、「これは響くかもな」の判断はかなり直感的なものにならざるをえなく、さっきまでは／前のときは何も言われなかったのに、ということは起こりえます。状況にも左右されると思います。ご了承ください。


総じてお伝えしたいこととしては「ナイスな時間を過ごしにやってきた者同士、敬意を持ち合ってみんなで気持ちのいい時間をつくろうぜ」ということです。

ちょっと気持ちの悪い言い方であることは承知しているのですが、それでもなお、敬意はマジで大事だよね〜というのはすごく思うところです。この場所に限らず、他者と時間や空間を共有するとき、そこにいる人同士の敬意の有無は体験の質を大きく左右する、と思っています。気遣いと言い換えてもいい性質のものだとは思うのですが、敬意のほうが前向きな響きがある気がして、なので敬意と言いたい。

「自分はいい時間を過ごしに来た、他の人たちもいい時間を過ごしに来た、じゃあ、みんながいい時間を過ごせたら、それが一番気持ちいいよね」ということだと思うのですが、見知らぬ人たち同士が言葉を交わすこともなく、見知らぬ人たち同士のまま、敬意を持ち合い肯定し合えたら、それはとてもいい時間になりうるんじゃないの、時によっては驚くほどスペシャルでプレシャスな時間になるんじゃないのと、そう思っています。

目指したいのはあたたかみのある心地いい静けさです。


ご理解いただければ幸いですし、ご共感いただければハッピーです。

## お支払いの仕組み

### 「オーダーごとに小さくなっていくお席料」制です

飲み食いの多寡にかかわらず、すべての方がいかなる気兼ねも不安も感じることのないまま、ゆっくりゆっくり過ごしていただけるように設けている仕組みです（大発明）。

### 「定価 or more」をお支払いいただけます

めっちゃいい時間だったぞ、値段以上の価値を感じたぞ、支持・応援するぞ、ゆえにもっと払いたいぞ、ともし思ってくださったならば、より多く払っていただけます。口頭でお伝えいただくなり、電卓を打ち直すなりしてください。大喜びでちょうだいします。

前項の仕組みにより、すべての方から持続的な運営のために必要十分な金額をいただいています。ですので、「定価でなんだかすいません……」みたいな気分はまったく不要です。たくさんの選択肢の中からこの場所で過ごすことを選んでくださった、そしてこの場所のありようを受け入れてくださった、その時点で心底ありがたく、そしてうれしいです。あくまで「もっと乗せちゃいたいぞ〜」にお応えできるようにしている、というところです。

### お会計はレジ（?）までお願いします

店の人間が立ったり座ったりしているあたりがレジといいますかお金の授受をするエリアです。お会計の際はこちらまでお越しください。

なお、お会計額は外税です。消費税を預かる立場になって初めて、あ、消費税って、本当にただ預かって国に納めるという性質のもので1円も店に入っては来ないものなんだな、あ、そうか、消費税って税か、消費の税金か、そういうことか、そりゃそうか、と思いました。

また、クレジットカードもお使いいただけます。Squareという決済サービスを利用しています。

## 「オーダーごとに小さくなっていくお席料」の説明

オーダーの数や種類によってお席料が変わる仕組みです。

ものすごく大雑把に要約すると、「お飲み物１杯でもある程度飲み食いしてもなんとなく2,000円前後に収斂するようになっている」みたいなところです。2,000円前後でいい時間を過ごすぞ、というおつもりを持っていただけたら、ご認識としてはもうそれでだいたい十分かと思います（4時間以上のご滞在時は様子が変わってきますのでご確認ください）。

| [ご注文内容] | [お席料] |
|---|---|
| ドリンク | 900円 |
| ドリンク＋一品（甘いもの／つまみ） | 600円 |
| ドリンク＋一品×2 | 300円 |
| ドリンク×2 | 300円 |
| ドリンク×2＋一品 | 0円 |
| ドリンク×3 | 0円 |
| フード（ごはん／パン） | 900円 |
| フード＋一品 | 600円 |
| フード＋ドリンク | 300円 |
| フード＋ドリンク×2 | 0円 |
| フード＋ドリンク＋一品 | 0円 |

なお、ご滞在時間が4時間を超える場合は、1時間あたりお席料600円ずつが新たに発生します。

もちろんオーダーいただくことによってお席料は減っていきます（例えばご滞在が4時間30分とかだった場合、「ドリンク／フード×3 ＋一品」でお席料が０になるあんばいです）。

といってもカウントするのもご面倒でしょうし、「映画2、3本分くらいの時間ゆっくりするぞ、みたいなときは相応の金額になる」くらいのご認識で十分かと思います。一応目安をお伝えしておくと、4時間超で2,500～3,000円、5時間超で3,000～3,500円、6時間超で3,500～4,000円あたりに着地するケースが多いです（ちなみに開店から閉店までいると7,000～8,000円あたりだろうか）。オーダーの内容によって変わってくるので完全にざっくりですが。途中で現時点での金額等が気になったときはご遠慮なくお尋ねください。


具体例として次ページにいくつか。こんな感じです。なお、お席料の計算は最後におこないますので、「最初に全部決めてオーダーしなきゃ」というふうにはお考えいただかなくてもちろん大丈夫です。

| [ご注文内容] | [前ページの表で該当する項目] | | [お会計額] |
|---|---|---|---|
| コーヒー1杯 | ドリンク……900 | お席料900＋700 | 1,600円 |
| コーヒー2杯 | ドリンク×2……300 | お席料300＋700×2 | 1,700円 |
| コーヒー2杯とケーキ | ドリンク×2＋一品……0 | お席料0＋700×2＋500 | 1,900円 |
| 定食 | フード……900 | お席料900＋1,000 | 1,900円 |
| 定食とハートランド | フード＋ドリンク……300 | お席料300＋1,000＋800 | 2,100円 |

という、そんな感じなんですが、それにしてもこの仕組みは一体なんなのか、なんでまたこんな見慣れぬものを、というところですが、これは、ここで過ごされる方の時間の質と量を守っていくための、すべての方に心置きなくゆっくり過ごしていただけるようにするための仕組みです。


「ゆっくり過ごす」は、「あれこれ飲み食いしたい」と必ずしも連動するわけではありません。お腹に入れるのはコーヒー1杯だけでいいかな、という方もいれば、ビール飲み飲み何か軽くつまもう、という方も、今日はご飯を食べて食後に紅茶とデザートだ、という方もいます。

どの方にも心地よくゆっくり過ごしていただくためには、すべての方の「ゆっくり」が等しい価値を持っている必要があり、そして、自分の「ゆっくり」が他の方の「ゆっくり」に決して劣るものではない、変わらず同等に完全に歓迎された存在だ、と認識できている必要がある、と考えます。

で、上の表の範囲内は、店がいただく利益は1,500円になるようになっているんです（「ドリンク×3」と「フード＋ドリンク×2」はもう少し高くなっています）。

コーヒー1杯の方も、ビールとおつまみの方も、ご飯と紅茶とデザートの方も、同じ1,500円。だからこそ店としては、なんの無理も矛盾もなく「飲み物1杯で何時間でもどうぞ！」と宣言できるし、ここで過ごされる方にとっても、それが無理も矛盾もないということを知っていただくことでこそ、「とはいえ飲み物1杯で何時間もいるのも……」というたぐいの裏読みや忖度をすることなく過ごしていただける、「2時間超えたしさすがにもう1杯は頼んだほうがいいのかな……」というたぐいの気兼ねをすることなく過ごしていただける、と思っています。そういうところで、僕の現在の考えでは、この仕組みが最適解だ、というところです。


この仕組みは開店から1年後の2015年秋に導入したものですが、それ以前も、それ以降もずっと変わらず、驚くほどきれいに、判を押したように、平均のご滞在時間は2時間30分です。とてもうれしいナイスな数字です。

みなさんにそのくらいゆっくりしていただけるとなると、「一日中ほとんど隙間なくびっちりだったなあ」という日で、この店が迎えることのできる人数は30人ほどというところです。

この仕組みがなければ、年に一度の大入りみたいな日がたとえ毎日続いたとしても、飲み物1杯という方ばかりだったら決して続けていくことはできませんし、「ちょっとこの人そろそろ帰ってくれんかな〜」のような邪念が生じることも容易に想像できます。「せめてもう1杯頼んでくれんかな〜」とか。それが重なれば、「時間制限つくろうかな〜」とか「もういっそ喋れる店にしようかな〜」とか台無しの方向に進むかもしれません。

しかしこの仕組みがあることで、ここで過ごされるすべての方が、店の存続にとって必要な利益を還元してくださる方になる。すると、上記のような邪念が生じる余地はなくなる。

そして、「心置きなくゆっくり過ごせること」という「本の読める店」として守るべき価値をたしかに守ることができ、十分な集客さえできれば、この場所を心地いいと感じてくださる方に、あるいはこの場所にあり続けてほしいと思ってくださる方に、この場所に共感してくださる方に、この場所が必要だと思ってくださる方に、この場所でのこの時間を提供し続けていくことができる、はずだ、というところです。


という、これはそういったたいへんすぐれた仕組みであります。

## 「定価 or more」の背景

お金を払うということが、支持の意思や喜びを表現する行為になる機会が増えていったらいい、ささやかであってもそれはきっと豊か、と思っています。


本は僕は絶版のものでない限りはすべて新刊で買って読むのですが、それは作家や出版社に自分のできる範囲でお金を届けたいからです。それで次の作品をつくってもらいたい。それでまたそれを存分に楽しみたい。

本を買うのは、Amazonを使うこともありますが、できたら渋谷の丸善&ジュンク堂で買いたい。それはあの場所がずっと続くことに少しでも寄与したいからです。

どうせ使うならば、意思があるお金の使い方をしたい。まわりまわって自分の喜びがまた生まれるように、あるいは悲しいニュースを聞かないで済むように、お金を使いたい。


そういうふうに考えていると、あるジレンマに襲われることがあります。それは、「俺はこれに対してだったらもっと払ってもいいんだけどな、なんならもうちょっと払いたいんだけどな」というものです。

自分が感じた価値をお金に込めて表現したい。続けてほしいから、支持しているから、値段よりも高い価値を感じたから、もっと払いたい。そういう思いを感じることがそんなに頻繁にでは全然ないですけれどやっぱりあります。
同じ本を何冊も買っちゃう、イベントにも足を運ぶ、たくさん飲み食いする、支持や応援のやり方はいろいろあるとは思いますが、そういうことじゃないんだよな〜、それはそれでしたくなったらもちろんしますけど、それはそれをしたくなったらそうしますよというだけであって、ちょっと違うんだよな〜、と思ったりします。いま欲しているのはより多くのものや体験ではない、それはもう十分に受け取っている、というような。
この「なんかあの、もっと普通に、もうちょっと払いたいって思ったりしてるだけなんですけど」という気分がスムースにナチュラルに叶えられたとしたら、支払う側にとっても、もちろん受け取る側にとっても、気持ちよく幸せで健全なことなのではないか。

そうやって、お金を、なにかしら「課せられたもの」という性質としてだけでなく（それはそれでどうしようもなく拭い難くありますが）、有機的なもの、生きる時間に恵みをもたらしてくれるもの、払うことそれ自体が自分にとって報酬になるようなもの、そういうものとして扱えたら、世界はそのことによってほんの少しかもしれませんがより豊かなものに、より気分のいいものにならないだろうか、とそんなふうに考えています。そんな考えから、こんな提示をしている次第です。

ちなみに開店当初の半年間は、「なにかに対する満足度や活動存続への期待の度合い、いだく共感や支持の強さ、そしてそれらに対して適正だと感じる値段は人によって千差万別であってしかるべきだから」というところで、メニューにいかなる金額も表示せず、いかなる基準も提示せず、「とにかく好きな金額を払ってください」というやり方でやっていたのですが、これはこれでいろいろと面白かったのですが、ここまでの丸投げはわりと誰も幸せにしていないかもしれない、ただ疲れさせているだけかもしれない、という結論に半年してやっと至り、それからいくらかの変遷を経て今の形に落ち着きました。

## より快適に過ごしていただくためのあれこれ

「〜〜してもいいのかな……？」の解消が、よりいい時間、より自由なのびのびとした時間をつくると考えています。目を通していただかなくても過ごしていただくにあたって特に支障はないと思いますが、読んでいただくことで、「それ気になってた。これでさらにのびのびできるわ」ということもあるかもしれません。

### ご注文

お席でうかがいます。お決まりかなというときはなんとなく気づくものではありますが、気づかないこともあります。「気づくかな、気づかないかな」とやきもきさせてしまうのも本意ではないため、厨房のほうに寄ってきてくださっても大丈夫です。

なお、オーダーやお会計の際などは声をひそめていただく必要はありません。すぐに終わることがあらかじめわかっているやり取りは快適な静けさを損ねはしない、と考えているためです。抜け、緩みみたいなものをつくる効果もあるように思います。

また、ご来店時にお腹がタプタプだ、ということもあるかと思います。お好きなタイミングでご注文ください。後になる場合は一言いただけるとそわそわしないで済むのでありがたいです。

### お済みの食器

食べ終えられたっぽいなというのはなんとなく気づくものではありますが、ジロジロ見るのも苦手ですし見られる方も特にうれしいものではないはずだという考えからあまり見ないため、気づかないこともあります（特におつまみなんかはたいてい気づかないです）。

「終わったよ。下げて」というときは、横にずらして置いていただくと、気づきやすい＆お邪魔せずに下げられるため、よいんじゃないかと思います。もちろん直接声をかけてくださっても。

### 満席時

心ゆくまでゆっくりしていただくための店です。ですので、なにもお気になさらずのんびりお過ごしください。ただし、もし仮に、満席で入れないという方が発生したことに偶然にも気がつき、そして偶然にも「あ、そろそろ帰るところでしたわ」というときは、教えていただけると誰も損をしないで済むのでたいへん助かります。

## ご予約時間の延長

ご予約時にお尻の時間を入力していただいていますが、いざ来てみたらもっといたくなった、ということもあると思います（うれしいことです）。お申しつけください。特にお申しつけいただかなくても基本的にはいくらでもいていただけるのですが、満席でさらにその後ろにご予約が入っている場合であるとかに、「すいません次の予約があって」みたいなことをお伝えしなくてはいけないことがあります。

それはこちらとしてもあまり言いたくはないことで、そういう事態を避けるためにもゆとりを持った時間でのご予約を推奨していますが、もっといたくなったぞ、と思われたときは早めに言っていただけると安心かと思います。

## 置いてある本

手続きをしていただいたうえで読んでいただけます。5ページをご確認ください。

## お水

常温でお出ししたり白湯でお出ししたりしていますが、「こっちで」ということがあればおっしゃってください。また、お邪魔をしたくないため、食器をお下げしたりするついで以外では注ぎ足しに行くことはほとんどしていません。ご所望の際はお申しつけください。

## 席の寒暖差

席によって寒暖差があります。冬場は内側のほうが温かいです。ブランケットはご自由にお使いください。また、席の移動もご遠慮なくどうぞ。そもそも空間全体が過度に暑い／寒い、ということがあればお教えください（これ以上は強くできないなあ、みたいなこともありますが）。なにぶん比較的動いている身であり、温度設定が適切に判断されていない場合もあると思います。

## 席の移動、軽い外出

前項とも重なりますが、同じ椅子に座り続けているとお尻が痛くなる場合があると思います（僕は尾骶骨が出ているのか、とても痛くなりやすいです）。席の移動はお気軽にどうぞ。また、外の空気を吸いたいぞ、体を伸ばしたいぞ、みたいなときもあると思います。ぷらぷらしてきてください。その際は貴重品等の管理はお願いいたします（こんな調子の空間なのでよその席の物を盗るなどの行為はとても難しいとは思いますが）。

## カウンター席の足置き台

足置き台は奥行きが狭めのため座る位置によっては足までやや遠いかもしれません。適宜、台を前後に動かして楽なポイントを見つけていただければと思います。足で動かす場合は両足の甲で引っ掛けるといい具合です。

## スリッパ

長らくサンダルの暮らしだったのですが、靴を履くようになってみて初めて、たしかに靴を脱いでゆるっと過ごしたいっていうのはあるな、と思ったためいくつかスリッパを用意しました。お使いください。

## メモとボールペン

読書時や考えごとのメモ等にお使いいただけるようメモ帳とボールペンを用意しています。お声がけください。ペンのご使用に際してはご協力いただいていることがいくつかあります。4ページを今一度ご確認ください。

## 喫煙

禁煙です。僕自身それなりにヘビーなスモーカーなんですが、禁煙です。秘密の喫煙場所をご案内しますのでご声がけください。長居に煙草は欠かせない！

## イヤホンの装着

ご遠慮なく装着してください。僕は小さい店だとイヤホンをするのに気が引けるみたいなところがあるため、念のため記しておきます。5ページでも書きましたが、シャカシャカが漏れないようにだけお気をつけください。

## お手洗いの防音

僕自身が静かな環境でトイレに行くときちょっと緊張をするので、安心してお使いいただけるように入念な音漏れ対策をしてつくりました（2枚ずつの石膏ボードのあいだに防音性のあるグラスウールという仕様です）。

## WiFiと電源

ご自由にお使いください。WiFiは「fuzkue_5GHz」「fuzkue_2.4GHz」というやつで、パスワードは「fuzkuewifi」です。よくわかっていないですが5GHzのほうが強いのだと思うのですが、たまに接続できなくなるときがある気がします。

## 充電

iPhoneの充電器はひとつあります。ご入用でしたらおっしゃってください。Androidの充電器っていうのは僕はよくわかっていないのですが、もしかしたらこういうのでつながるのかな、みたいなケーブルはいくつかあるので、お見せしますので、もし使えそうでしたらお使いください。

## インターネットから離れたい

みたいな気分のときが僕にはたまにあって。ご希望であればスマホをお預かりします。おっしゃってください。

## 時間からも解き放たれたい

みたいな気分のときもたまにあって。できたら時間を知らずに過ごせたらみたいな。アラーム係になりますので、「この時間になったら教えて」というような感じでお申しつけください。

## たいへん長々と

お付き合いいただき本当にありがとうございます。ここまでに費やしてきた言葉はすべて、「この場所で過ごすあなたの時間が豊かなものになりますように」の言い換えのような気がします。
そういうわけで、繰り返しになりますが、どうか、この場所で過ごすあなたの時間が豊かなものになりますように。

こちらは「案内書き」最終ページです。めくって「1」からお読みください。

# 第2部

# 「本の読める店」をつくる

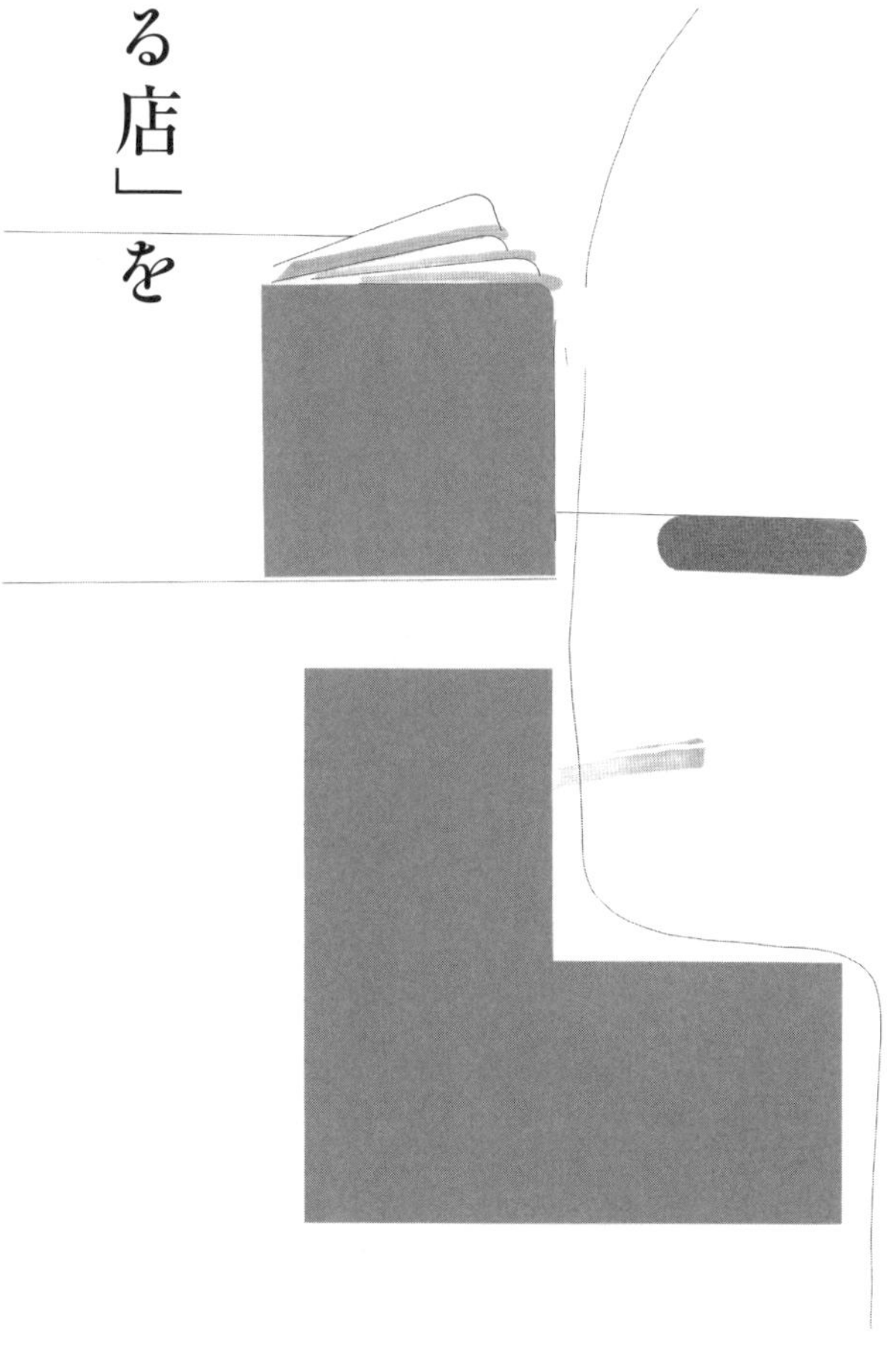

第6章

# 店を定義する

## きちんと宣言する

「本の読める店」

「カフェでもブックカフェでもなく、ここは「本の読める店」なんです」と、うるさいくらいに主張するための拡張子。

　主張する必要があるのは、これが生まれたばかりの言葉だからだ。「本の読める店」という言葉で一般化するのか、あるいは他の言葉になるのかはわからないが、本を読むための店がこれから広まって、もっと普通になって、そこに用がない人も含めて「ああ、本の読める店ね」と、カギカッコなしにすんなり認識できるようなひとつのジャンルになってしまったら（メイド喫茶みたいに）、わざわざ大きな声で拡張子を強調する必要はなくなる。けれどまだまだそうじゃない。だからきちんと宣言する。フヅクエは「本の読める店」です、と。

そして宣言は、事始めにすぎない。これが映画館であれば、どんな説明を加えずともほとんどの人が同じものをイメージできるけれど、「本の読める店」はそうではない。どんな機能があるのか、どんな経験ができるのか、される想像はまちまちだろうし、そもそも「本の読める店」がもたらす経験を具体的に期待したことのない人が大半であるはずだ。だから、宣言の次には定義が必要となる。

「本の読める店」は誰のための店なのか。そして「本の読める店」を「本の読める店」たらしめる具体的な構成要素は何なのか。

## 誰を幸せにするのかを明確に設定する

「すべての人が心地よくいられる場所でありたい」と、おしゃれなコーヒースタンドなんかがもし謳っていたら、僕は「ケッ」と思うだろう。使う豆はいかにもサードウェーブど真ん中のフルーティーな酸味の浅煎りだけで、メニューの表記もアルファベット。それも「Latte」とかならまだしも、「Flat White」とか「Long Black」とか、「Nani Kore?」となるようなものだったり。本当に「すべての人」に向けるのであればフラペチーノのような甘々な飲み物やノンカフェインの飲み物もあるのが筋だろうし、コーヒーに砂糖やミルクを入れるためのコンディメントバーも用意されていてしかるべき。もちろんベビーカーの赤ん坊も車椅子のおばあちゃんもウェルカムなんだろうな？　そもそもそのスタイリッシュな外観と内装で「すべての人」が本当に近寄って来ると思ってる？　前を通っても「自分とは関係のない場所だ」という印象で終わる人たちのことはどう思っているのか。その人たちが「あの店はすべての人に心地よくいてもらいたい場所らしい」と耳にしたらどう思うだろう。

「あ、俺、〝すべての人〟の中に含まれず？・」これは暴力だ。

と、ここまで悪し様に言わなくてもよさそうなものだが、そう思う。「すべての人」は絶対に嘘だ。どのような価値観を表明しようと外野がとやかく言うことではないが、嘘はつくなよ、と思う。その寛容さに擬態したコンセプトは人を傷つけうるぜ、と思う。

それに、門戸を広く取ることで薄まる個々の幸福も間違いなくある。1杯のコーヒーに安らぎを求めてやって来た人と、おしゃべりの時間を求めるグループの人たちの幸福は、どこまで共存が可能だろうか。たくさんの過ごし方を表面的に歓迎するがゆえに、それぞれの満足が損ねられることは、間違いなくある。

その仕事は、誰を幸せにしようとするものなのか。フヅクエは明確に定めている。案内書きにある通り、「「今日はがっつり本を読んじゃうぞ～」と思って来てくださった方」だ。その人たちの「最高の環境の実現を目指して設計・運営」している。その人たちの幸福の最大化だけを考えている。それ以外の人たちについては、考えない。読書の欲求を抱えていない人が来てくれてももちろん構わないし、来てくれた以上は悪くない気分で帰ってもらえたら双方にとっていいことだとは思うが、その人たちがつまらない思いをしたり、損をしたような気持ちになったりしても、それはサービスの範疇の外のことだから、知らない。

いくぶん排他的にも聞こえるかもしれないが、そう特殊なことでもないはずだ。映画館は昼寝をしに来た人の満足をわざわざ考えないし、「音がうるさくて寝にくい」というクレームがついても気にかけないのと、同じだ。

もちろん、多様なニーズを持った人たちを包摂することが可能ならば、それもいいだろう。でも読書はなかなかそうはいかない。本を読んでいる人たちの幸福を追求すればするほど、とても共存できないものがいくつも浮き上がってきた。これはフヅクエをやっていくなかで発見していったことだ（開店当初はもう少しいろいろなものと一緒にあることができるのではないかと思っていた。パソコンとか）。

広く浅くぼんやりと手を広げ、多様な人にまあまあ満足してもらって、その中には読書をする人も含まれる、ということではなく、「「今日はがっつり本を読んじゃうぞ〜」と思って来てくださった方」にこそ向けて開く。幸福にしたい対象を明確に限定する。そうすると、どうしたら幸福にすることができるのか、具体的な手立てが見えてくる。

## 要件を定義する

読書は外見上、音も立てず、手を動かすこともほとんどない、ささやかな行為だ。同時に、高い能動性を要求される行為でもあって、並んだ文字をひとつひとつ読み、意味を認識し、情景や論理を組み立てていかなければならない。文字が映像や音になって向こうから刺激を与えてくれることはないし、いったん立ち上がった情景も、意識がふっとよそを向いてしまったら、働きかけを続けることをやめにしてしまったら、たちまち消散してしまう（一度は消散した景色が、シャワーを浴びているときであるとかの読書外の時間にふいに立ち現れることもあり、それもまた読書の面白さだとも思う）。

このささやかで、微妙で、フラジャイルな行為。それを守ること。集中の持続が妨げられない環境を用意すること。

必要なのは、まずは、静けさだ。ただしそれは、静寂とも違う。走行中の電車内の音の大きさは80デシベルほどで、これはパチンコ店内と同じくらいだからずいぶんな騒音状態だが、読書は電車の中がはかどるという人は大勢いる。つまり読書を妨げられないために必要なのは、デシベルで表される音量の小ささ以上に、聞こえてくる音が意味を孕まず、耳や意識を奪っていかないことなのではないか。意識を奪う音。その筆頭が話し声である、ということはもはや自明だろう。

そういうわけだから、まずは静けさ。会話が生じないこと。それでいて完全な静寂とも違う、落ち着ける音の状態が形成されていること。気を散らせる音が慎重に排された、穏やかな静けさがあること。そしてそれが、約束されていること。前回は静かだったが、今日はそうじゃない、という当たり外れがあってはいけない。リスクをなくすこと。

読書への没入のためのもうひとつの要件は、気兼ねせずにいられるということだ。「がっつり本を読みたい」というとき、それは15分や30分の隙間時間でおこなうこととしてではなく、2時間や3時間、その日のハイライト、さらに言えば一生懸命に生きたこの1週間や1カ月の自分へのご褒美、みたいな特別な時間として欲望されているとここでは措定する。だから、その読書は気が済むまでおこなわれなければならない。

店で長時間を過ごすことを考えたときに懸念されるのは、「どうあれば自分は望まれない客ではないままい続けられるのか」ということだった。コーヒー1杯で何時間までいけるのか。食事どきに飲み物だけの注文でもいいのか。随時追加注文をしたほうがいいのか。満席になったとき、どうなのか。自分はこのままここに、いつまでいていいのか。いつまで歓迎してもらえるのか。

どれだけ静かで快適であっても、こういった問いが途中で生じてしまっては、そこで過ごす時間はあっという間にソワソワとした落ち着かないものにすり変わってしまう。そうしたら、もはや本の世界への没入は維持できない。「常識」や「良心」との、埒《らち》の明かない問答の時間になってしまう。そんなことは気にせずにいられる図太い人もいるだろうが、大事なことは、どんな人であっても、気兼ねをしないで好きなだけいられることだ。

穏やかな静けさが約束されていること、心置きなくゆっくり過ごせること。このふたつが、読書の時間を快適なものにするための要件だ。それが守られている限りそれは「本の読める店」であり、破られたとき、それはもはや「本の読める店」とは呼べないものになる。

要件を定義できたら、あとはただ、それをひたすらブレイクダウンし、具体的な形に実装する作業を続けていくだけだ。

## ルールを定める

「自然派ワインと豊富なヴィーガンメニューを取り揃えたカフェ＆レストラン」

「下町の雰囲気が溢れる、座敷席と掘りごたつ席を備えた一軒家のうなぎ料理専門店」

このカフェ＆レストランに焼き鳥と焼酎を求めて行く人はきっといないだろうし、このうなぎ料理専門店に季節のフルーツをふんだんに使ったパフェを求めて行く人はきっといない。期待値は適切にコントロールされている。ミスマッチが起こる要素があるとしたら価格帯くらいだろうか。店の根幹にかかわるようなミスマッチにならないのであれば、コンセプト以上の説明は必要ない。しかし「本の読める店」の場合はそういかない。
「「今日はがっつり本を読んじゃうぞ～」と思って来てくださった方のための、穏やかな静けさが約束され、心置きなくゆっくり過ごしていただける、「本の読める店」」

　こう掲げただけでそのままにした場合、どうなるか。こうなる。

　その1。

え～～～！　なになに～～！　「本の読める店」だって～～～！　パシャリ！　めっちゃ、めっちゃいいい感じのカフェかな～～～！　え～～～！　やだ～～～～！　めっちゃ、めっちゃいい感じのカフェだった～～～！　パシャリ！　めっちゃ、めっちゃ本あるしみんなめっちゃ本読んでるウケる～～～！　パシャリ！　それでね、さっきの続きなんだけどベラベラベラベラ！！

（すいません、少しお静かにしていただいてもいいですか？）

めっちゃ、めっちゃ注意された～～～～ウケる～～～～！！　ゲラゲラゲラ！！　パシャリパシャリパシャリ！！　それでね、さっきの続きなんだけどベラベラベラベラ！！！！

その2。

お、「本の読める店」、っと。穏やかな静けさが約束され、心置きなくゆっくり過ごしていただける、っと。これは仕事が快適にできるカフェと見て間違いなさそうだぞ、っと。ほう、本当に静かだ、これは、うってつけだぞ、っと。コーヒーも頼んだ、仕事を開始。パソコンを開いて、電源とマウスをつないで、Wi-Fiチェック、よし、っと。資料を広げて、ペンを用意して、黒、赤、青、マーカー、ぬかりなし、っと、さて。

バチバチバチバチバチ！！　バチン！！！！　コチコチコチコチコチ！！　カチンカチンカチンカチン！！　コロコロコロコロ〜〜〜！！！！　バチン！！！！！！

この通り、容易に壊される。読書がそうであるのと同じように「本の読める店」という存在もまたフラジャイルで、コンセプトを掲げるだけでは極めて簡単に、店が訴求しようとしている対象の外の人たちに対しても訴求してしまう。店がどれだけ「本を読みたい人のための場所なんです」と涙声で言い張ってみたところで、「とはいえ、おしゃべりだって別に構わないんでしょ？」「とはいえ、仕事をしたって大丈夫でしょ？」「なぜなら、普通の店はそうだから」と、幅を持って解釈されてしまう。そしていとも簡単に、「本の読める店」ではなくなってしまう。

それは「本の読める店」がまだ市民権を得ていない概念であり、また、一見するとカフェのようだからだ。なんのことかよくわからなくて、そしてカフェっぽかったら、それはもう、カフェだ。こうだ。

「「今日はがっつり本を読んじゃうぞ〜」と思って来てくださった方のための、穏やかな静けさが約束され、心置きなくゆっくり過ごしていただける、「本の読める店」」《なんかごちゃごちゃ言ってるけど要はカフェ》

やむをえない。しかしそこで諦めてはならない。明確なルールを定めれば解決できるのだから。

ルールを定めることはまた、ミスマッチを防ぐためだけでなく、コアターゲットである、本をがっつり読みたくて来てくれた人の幸せを最大化するためでもある。ルールがあることで手に入れられる自由がある。

## 「わからなさ」の芽を摘む

喫煙者の僕は、煙草に関するサインに目ざとい。店に入ると、テーブルに灰皿が置かれているかいないか、いないとしても、煙草を吸っている人がいるかいないか、いないとしても、どこかに灰皿が重ねられたりしているかいないか、注意が行き届くようにできている。禁煙だとわかっても、外に灰皿があったかどうかははっきり覚えているから、あった場合、吸いに出てもいいということだな、と楽な気持ちになる。しかしどこにも見当たらない場合、たとえば少し席を外して街のどこかに設置されている灰皿まで行って吸ってくることが、店にとって別に構わないことなのか、それともやめてほしいことなのか、わからない。何度も通っているうちに、勝手がわかってきたりすることもあれば、店の人と顔なじみになって「ちょっと外に出てきてもいいですか？」と言えるようになったりすることもある。明示されていない事柄については、徐々に知るか、勇気を出して質問をして知る以外に手立てがない。一般的に一見さんは不利な立場に置かれる。

フヅクエは、これを解消しようとする。馴染みの人も初めての人も、同じ安心の中で過ごしてもらえるようにする。そのために、言葉を尽くす。

お客さんが席に着くと、白湯をお持ちしがてら、「案内書きとメニュー」（別丁1ページ参照）の紙束をお客さんと正対する位置に置く。まずはこの場を十全に理解し、「わからなさ」の芽を摘んでいってください、というわけだ。そもそも「本の読める店」とはなんなのか、静けさのこと、長居のこと、喫煙のこと、席の移動のこと、読書以外の過ごし方のこと……。過ごすにあたって、あるいは過ごしている中で生じうるたいていの疑問に対する答えはすでに書き込まれているはずで、初めて来た人であっても、これを読みさえすれば、「こういう場合はどうしたらいいのかな」「こういう過ごし方はありなのかな」という不安を感じることなく、過ごしてもらえる。

とはいえ、それにしたってこの案内書きは長い。文字数にして約1万2000字。正気の沙汰とは思えない。ほとんど強迫的な長大さだ。説明にここまでの言葉数を使う店を、僕は見たことがない。他の追随を許さない「野暮さ」だと思う。

新宿駅にある「ビア&カフェ ベルク」は好きな店だが（フヅクエを始める前、びっしりとメモを取りながら『新宿駅最後の小さなお店ベルク』を読んだ。名著）、一見すると、勝手がよくわからない。オーダーはどうすれば？ どの席を使えば？ 片付けは？ 初めて来ると少し戸惑いそうなものだが、どうしてだか「なんとなくわかる」。目に見えない秩序やリズムがそこにあるのを感じられる。これまでおびただしい数の人が繰り返してきた行動が、流れる空気に轍《わだち》のようなものをつくっていて、それを追えばいいような、そんな感じがある。

実際には他の人の動きがレクチャーとして機能しているのだが、見様見真似で同じ動きを繰り返してみることで、長い歴史の中に自分も心地よく組み込まれてまた未来がつくられていくような、今この瞬間にとどまらない、より大きな時間の流れを感じさせるものが、あの場所にはある。刻々と、ベルクという場所が生成され続けていく現場に立ち会っているような、そこにまた自分も加担しているような、そんな気持ちにさせるものが、あの場所にはある。そこでの過ごし方を徐々に理解していくという過程を経ることによって、この場所に流れてきた時間への敬意を獲得させていくように設計されているように思う。それを僕は美しいと感じる。そしてそれは「粋」だと感じる。

ベルクのように、言葉に頼らずとも伝わるべきことがちゃんと伝わる、その格好よさがある一方、野暮も極めてみればひとつのスタイルだ。フヅクエにとっては、粋であることより「本の読める店」を確固たる強さで成立させることこそが大切だ。本を読みに来た人たちの全員が、とにかく楽に、のびのびと、自由に過ごせること。

## 自由を制限する

誰もが自由に過ごすためには明瞭なルールの制定が必要だ。

たとえば公園でキャッチボールをしたいとする。昨今公園におけるボールの使用はどんどん厳しくなっているように感じ、これこそが野球文化にとって最大の敵なのではないかと思っているが、グローブとボールを持って、出かけてみる。すると立て看板があって、「焚き火は禁止です」や「自転車の乗り入れは禁止です」といった言葉と並んで、「球技（野球・サッカー・ラグビー等）は禁止です」とある。「野球」とは？　どこから「野球」になるのか。キャッチボールは「野球」なのか。バットの使用がいけないのか。試合形式でなければＯＫか。

確信が持てないから自治体のウェブサイトを見てみると、当該の公園では「ボール遊び（親子等のリクリエーションを除く）」が禁じられている模様。「親子等」の「等」に「友人同士」は入るのか。あくまで血縁や戸籍のつながりが必要なのか。では17歳の高校球児と元プロ野球選手の父親とのキャッチボールは、ありか。「やわらかいボールであれば可」という表示も見たことがあるが、軟式球はやわらかいという認識でよいですか？

判断のコストを利用者に丸投げしてくるのが曖昧な決まりごとの特徴で、それはこのように不自由だ。常識や良識や空気のようなふわっとしたものに頼るか、「軟式球は、やわらかい！」と断固主張して、貫くか。いずれにしても疲れるし、利用者同士の不毛な解釈論争にもなりかねない。

人によって解釈が分かれうる事柄（静けさとか、長居とか）ほど、提供する側が基準を明示する必要がある。その基準を面白く思わない人はよそに行ってもらえばいい。

スポーツも同じだが、ルールがあるからこそ獲得できる自由があって、フヅクエがもたらそうとしているのはそれだ。曖昧な自由でも手放しの自由でもなく、明文化され、規定され、制限された自由。

## 言葉は花束のように使う

ルールを提示していくときにややもすると陥りがちなのが、禁止や警告の身振りになってしまうことだ。

「おしゃべりは禁止です」「パソコンもほぼ禁止です」「さくっとお茶をするところではありま

せん」「カフェだと思って入ると痛い目に遭いますよ」「警告はもう発しましたよ。あとは知りませんよ」

警戒が先立つと、いたずらに防衛的な姿勢をとってしまう。これは僕自身も店を続けていくなかで徐々に学んでいったことで、開店当初は否定形の言葉を無自覚に用いていた。「ご遠慮ください」「していただけません」「ダメです」「帰ってください」というような（ここまでは言っていないが）。

ただ、必要な守りだと思って選んだ言葉は、攻撃になっているかもしれない。僕が気にしやすい性質だということもあるだろうが、自分が対象となっているわけではない禁止の語句でも、それがそう発せられているだけで、何かを咎《とが》められた気になるところがある。店がとっている警戒の姿勢には、こわばりがある。それは言葉を受け取る人にも波及するのではないか。言葉にはそういう力がある。

さらにここでは、大切な認識が抜け落ちてもいる。この店が幸せにしようとしているのは「「今日はがっつり本を読んじゃうぞ〜」と思って来てくださった方」だということだ。ミスマッチを恐れるあまり、関係のない人に向けて話しかけてしまっては本末転倒だ。言葉は、幸せにしたい人に語りかけるようにこそ使われるべきだ。「おしゃべりはできません」ではなく

「約束された静けさを提供します」というように。

本が読みたくて来てくれた人に、「そうです、ここは「本の読める店」です。それはあなたの読書の時間を最高なものにするためにあるものです。ここでは静けさが約束されていていくらでも長居してもらえます。なぜならばこうやってあなたを守るからです。なぜならば、なぜならば……だから、本を読みたくて来てくれた愛すべきあなたよ、どうぞ豊かな時間を過ごしていってくださいね」と、そういう姿勢で案内書きはつくられている。

警戒心をあらわにしたネガティブな言葉ではなく、歓迎を表するポジティブな言葉に振りきることは、最大の防御にもなる。サービスの対象を明確に限定したいとき、対象圏外には「徹底的に言葉を向けない」というフィルターの掛け方はひとつ有用で、ただただ、本を読みに来てくれた人だけに言葉を向けることによって、そうではない人に、「まったくこちらを見てこようとしない。どうやら自分はこの店とはミスマッチの存在のようだ」と知ってもらうことができるし、「それではゆっくり本を読みたいときに今度来よう」という判断をしてもらえるようにも思う。言葉を明るくすればするほど、ネガティブな受け取られ方が減り、健康的な空間になっていっている実感がある。

言葉は、できるかぎり花束のように、笑顔で手向けたい。

## 第7章

# 穏やかな静けさと秩序を守る

ギリシャのアテネにあってもアメリカに帰ってきたように感じる織り込み済み《プレディクタビリティ》の風景や味にウッズはうんざりしたのだが、この感覚こそがスターバックスに価値を与え、何百万人もの人々を惹きつけるのだった。キャンパス近くにあるスターバックスに毎朝通う、シアトルのワシントン大学の学生は常連になった理由を、スターバックスが「とびきりに優れているから」ではなく、「なじみ深いから」だと説明してくれた。同様に、西海岸出身のある旅行者もスターバックスの予期可能性《プレディクタビリティ》を賞賛した。

ブライアン・サイモン『お望みなのは、コーヒーですか？　スターバックスからアメリカを知る』

（宮田伊知郎訳、岩波書店）p.62

## 用途を制限してあげる

ミスマッチは誰にとっても不幸なものだから防ぎたい。しかし、それをゼロにするのは難しい。「本の読める店」とはこういう店だから、それを求める人だけ来てねと、どれだけウェブサイトや入り口横の貼り紙で説明してみても、華麗にすり抜けてしまえる人はどうしたって現れる。

たまにある場面。カウンターやソファで、お客さんたちはそれぞれ、本を読んでいる。静かな時間が流れている。そこに足音がして、ケラケラとした話し声の残響とともに扉が開く。おそらく開けた瞬間に、店内にあった静けさが外にふぁっと流れるのだろう。それを感知し、驚いた顔をして、声を潜めて、笑った顔で目を合わせたりしている。僕は厨房からつかつかと歩み寄って、「おしゃべりがいっさいできない店なんで」と言いながら両手を「止まれ」の形に広げて、制す。機嫌がよかったら「また今度よかったら」とでも言い足して、機嫌が悪かったり態度に腹が立ったりしたらそれっきりで踵《きびす》を返して戻る。言われたほうは、礼儀正しくだったり、にこやかだったり、しまったという顔をしたり、おどけて肩をすくめたりして、帰っていく。扉が閉まる間際くらいには、笑い声が聞こえてきたりする。

「誤った人たち」を帰すとき、僕は、向き直りながら、店内のお客さんたちに対して、「と、このように」とデモンストレーションをしているような気分になる。と、このようにして、静けさ、快適さ、秩序、つまりみなさんの読書の時間は、守られている、というわけです。

　こういうこともある。入ってきて、つかつかと進み、席に着き、バッグからパソコンを取り出し、置く。まずそれが第一動作。そういう方を見かけると、僕はやはり歩み寄り、「パソコンほぼほぼ使えないですけど大丈夫です？」と言って、場合によっては案内書きの当該ページを開いて見せて「こんな感じになっていて」と伝えて、判断を委ねる。困って悩んだ顔をしている人があったら、「少し行ったところにスタバがありますよ」と教えてあげる。「がっつり仕事をされたいとかであれば、そっち行ったほうが絶対のびのびやれていいと思いますよ」

　用途を明確に制限しているからこそできる対応だ。開店当初は、持続的でなければ会話も少しは可能だったし、パソコンの使用についての制限もなかった。おしゃべりが続くようなら、タイピングが響くようなら、その都度声をかけて、読書のための静けさが保たれるようにコントロールする必要があった。これはするほうも、されるほうも大変で、伝えるほうも根拠が弱いし、伝えられたほうも釈然としない。「ほとんどおしゃべりはできないんですけど大丈夫です？」と言われて「ちょっとならいいんでしょ」と思って入ってみたら、すぐに注意された。「なんだ、ちょっとも許されないじゃないか」というような。基準が不明瞭であること、個々の判断の余地が残されていることの弊害だ。

「おしゃべりはまったく不可」「タイピングは検索とショートカットキーのみ」にしてしまうと、伝えるほうも楽になったし、伝えられるほうも判断が簡単になった。それでもいいならいたらいいし、それだと楽しくないならば、別の場所に行けばいい。

余白や遊びがあることのよさももちろんあるが、明確に規定し、用途を制限することによって得られる「野暮な気楽さ」がたしかに存在する。

## ちゃんと魅力のないものにする

店をやっていると、来てくれた人全員に悪い印象を与えたくない、というふうにえてして思ってしまいがちだ。誰に対してであれ、悪い印象を与えることを恐れる気持ちがどうしても生じる。しかし、目指す状態をしっかりと眼差し、それに沿って正しく振る舞うことによって、たとえ誰かの機嫌を損ねることになったとしても、気にかけないようにするべきだ。必要なのはすべての人に喜んでもらうことではなく、後悔のない、正しい振る舞いをすることだ。

「読書をする場には良いと思います。しかし、PC作業は別です。タイピングの音や、マウスのクリック音まで店員さんに指摘されてました」（星1つ）。かつて書かれた口コミだ。これはタイピング禁止以前のもので、「ガチャガチャしたタイピングやマウスの連続的なクリックは耳に響くのでご注意ください」という決まりだった。気をつけることは要求されつつも、できてしまうならば、こうやって文句の余地も生じる。もっとちゃんと、関係のない人にとっては魅力のない店にしなければいけない。読書ができる場を求めている人以外にとって、はっきりと不便でなければいけない。メリットがないようにしなければいけない。協力してもらういくつかのルールも、料金システムも、その一面として、関係のない人をきちんと無力化するとともに、この場所で過ごすことを選択する理由をなくしてあげるためのものとしてある。

　それを貫徹することによって嫌われたとしても、好いてもらいたい人に好いてもらうための強度を上げるほうが重要だし、訴求対象ではない人の顔色をうかがうことで快適に読書をしたい人たちの満足度が薄まってしまっては、もう、意義がない。

また、不便さは、稀にだが思わぬ副産物を生むことがある。「そんなつもりはなかったけれど、しゃべれないんだったら／仕事ができないんだったら、本を読むか」となり、思ってもみなかったナイスな読書時間を過ごしていく人もいる。「はいはいどうせカフェ好きのインスタ目的でしょ」と思っていた二人組が（ひどい偏見）、その場で制約を飲み込んで、しっかりゆっくり無言で本を読んで過ごして帰っていくみたいなことがあると、「ものすごい柔軟さだな」「どうやったらそのコンセンサスが取れるんだろう」「強固な関係すぎるだろ」と感嘆する。これも、ルールが「会話は控えめに」であったら起こり得なかった場面だ。

ところで先ほどの口コミはこう閉じられている。

「いつまで、このコンセプトを突き通して店として存続することができるのかが、気になりますね」

まあ、難しいでしょうけど、すぐにコンセプトの変更を強いられるか閉店を余儀なくされるでしょうけど、と暗に言っているこの文章を僕はずっと覚えていて、折に触れては思い出し、「突き通すどころかもっと尖ったよ？」「まだ存続してるよ？」「なんなら次の店も出したよ？」と思っている（根に持つタイプ）。

## 偶然を排する

阿久津：花田さんはその、なんか、この本読むのめっちゃ楽しみみたいな本ってあるじゃないですか、なんか次の休みの日もう絶対読むとか。ていうとき、ってどうし、どうしてますっていうか、そういう、勝負読書みたいな、ははは、勝負読書のときってどう、こうしたい、こう、できるだけこうしてるってあります？

花田：やっぱり休みの前の日に、いい感じのカフェに行って、っていうのがベストアンサーなんですけど、でもそれってギャンブル性高いんですよね、このカフェだったら、いい雰囲気だし大丈夫だろうって思うと、隣にめっちゃ、声の大きい女子二人が仕事の愚痴を延々しゃべってるとか、ほんとうにつまらないどうでもいい話が聞こえ続けてて耐えられないとかって、なるじゃないですか。

阿久津：そうなんすよね〜。

花田：だからそのガッカリ感っていうか、せっかく高い、1000円のアイスティーを頼んで、でここに座って。

阿久津：ははは、1000円のアイスティー、それは、椿屋珈琲、ははは。

花田：なのに、誰も私の読書を保証してくれないっていう。
阿久津：や、そんな、フヅクエに与する、なんかいい話にしなくていいですよ。
花田：だから、チャレンジする気がなくなっていきますよね。
阿久津：どうなります？　家になります？
花田：家になります。

「ひとの読書」という名前で、暮らしと読書についてつらつらと話を聞く（そして話されたままに文字を起こす）インタビュー企画を、フヅクエのウェブサイト上でたまにおこなっている。これは「HMV & BOOKS HIBIYA COTTAGE」の店長であり『出会い系サイトで70人と実際に会ってその人に合いそうな本をすすめまくった1年間のこと』や『シングルファーザーの年下彼氏の子ども2人と格闘しまくって考えた「家族とは何なのか問題」のこと』の著者でもある花田菜々子さんに出演してもらった回からの一節だ。花田さんによって、プレディクタビリティ（予期可能性）の肝要さが余すところなく言葉にされている。

痛みの記憶はやはり残る。「外傷」というやつだ（たぶん）。どこかに本を読みに行こうと思いついても、かつての失敗の記憶が蘇れば、怯《ひる》む。しかし賭けに出て、また行ってみる。また敗れ去る。そういうことを繰り返していると、結果、家になる。

「本の読める店」は、そこに向かうことを、ギャンブルにもチャレンジにもしてはいけない。偶然性に身を晒《さら》させてはいけない。偶然の静けさなんていうものであれば、どんな店でだって生じうる（驚いたことに原稿を書いているいつものコーヒーチェーンで、夜8時、7割方の席が埋まっている状況で、今、誰ひとりしゃべっていない！）。

静けさは約束されなくてはいけない。安心ベースの期待とともにその場に向かうことができないといけない。これは別になにも特殊なことではなく、たとえば、そこが映画を快適に観られる環境かどうかの不安を抱えながら映画館に行くことなんてまずない。これから観る映画への期待が、抱えている感情の大半のはずだ。その感じを読書でも、というただそれだけのことだ。

## 審判員の役を担う

言いきったそばから否定してしまってなんだが、「不安を抱えながら映画館に行くこと」は、しかしある。行くたびに不快な思いを味わっている不運な人だっているだろう。いつまでもおしゃべりをやめない人。大いびきをかく人。ヘッドバンギングのように船を漕ぎ続ける人。スマホをチラチラと確認しないと気が済まない人。こういう人が近くにいると災難だ。

かつて5時間の映画を観に行ったとき、いよいよ、そろそろ終わる、という最終盤、ふいにビニール袋の中を探る音が聞こえてきた。当初は「いまさらその中にいったいどんな用があるのか」と思っただけだったが、それが続く。延々と続く。結局ラストの20分ほどのあいだ、その音がやむことはなかった。明かりが点いて、すべてがぶち壊しにされたような憤懣やるかたない気持ちで、いまだ鳴り続けている音のほうを見ると、老人の姿があった。老人……憤怒をぶつけにくい対象で、やるせなくなった。ともかく、マナー違反者によって鑑賞の時間を台無しにされてしまった経験は、誰でもひとつやふたつはあるだろう。

映画館の場内に監視員がいないこと、審判する人がいないことが、この事態を生んでいる。状況を判断し、必要に応じて注意する役割の人さえいればほとんど防げることであるはずだ。しかしいない。上映中の場内は客の自治に任されている。審判不在のスポーツを考えてみればたちまち想像がつくが、それは不要な諍《いさか》いを生むし、下手に注意をして逆ギレされるのも怖い。「5時間ビニール袋事件」のときも、場内に響きわたる音に何人もがキョロキョロとしたし、遠巻きに伝えようとしたのか舌打ちやため息を発する人もいたが、誰もはっきりと注意することはできなかった。僕も何度も注意の声を上げようかと思ったし、全員が被害者だったあの状況であればそれも歓迎されただろうが、行動を起こすのは勇気が要ることで、できなかった。

不届き者はどうしても現れる。ルールの制定やマナーの提示だけでは防げないことは、どうしても起きる。そのときに、参加者個々に判断や行動を委ねるのは、大きな負担を強いることだ。審判員が、円滑で公正なゲームの運営のために働かなくてはいけない。

フヅクエの場合、今はボールペン関連の声かけが一番多い（かつては断トツでタイピングだった）。転がる音や、落とされる音、切り替えるときの強い音。一度だけならば手元が狂ってということもあるから静観するが、続くようなら、時宜《じぎ》を見てつかつかと歩み寄り、「ペンの扱いのところってご認識大丈夫ですか？」「それけっこう響くんで、ちょっと気をつけてもらっていいですか？」と伝える。ほとんどの人は、自分がそういう音を発していたことに気がついていなかっただけで、一度伝えればそれからはしっかり気をつけてくれる。

お客さんに注意をするというのは、どれだけやってもその都度いくらか緊張をするもので、間違いなく最もストレスのある業務だが、お帰りの際、他のお客さんから「さっき声をかけてくれてありがとうございます。少し気になっていたので」と言ってもらえるようなこともある。やはり、快適な読書の時間を守るためには必要なことだと実感するし、言ってよかった、と心底思う。同時に、声をかけるべきかかけぬべきか迷っていた時間を思い出し、ヒヤっとする。声をかけずに済ませていたら、周囲のお客さんの時間の毀損に加担することになっていた。

## なだらかな違いをつくる

『イシューからはじめよ』はベンチャー企業を経営している友人に薦められて読んだ本で、「「何に答えを出すべきなのか」についてブレることなく活動に取り組むことがカギなのだ」とあるように、「本の読める店」についてブレることなく活動に取り組もうとしているフヅクエにとっては、大いにヒントになりそうな本だった。いざ読んでみると、読書というのは往々にしてとても些細な部分が一番印象に残ったりするもので、この本でのそれは次の一文だった。

> 脳は「なだらかな違い」を認識することができず、何らかの「異質、あるいは不連続な差分」だけを認識する。
>
> 安宅和人『イシューからはじめよ　知的生産の「シンプルな本質」』（英治出版）p.172

これは「分析的思考」について理解を深めていくにあたり留意しておきたい神経系の特徴のひとつで、読んだ瞬間に、それまでずっと感じていたことにぴったりの説明が嵌《は》め込まれたような気持ちのよさがあった。

ちょうどその時分はパソコンの使用について悩んでいたところで、マウスやトラックパッドのクリック音やある種のタイピング音はどうしてこんなに耳に飛び込んでくるのだろう、と思っていたが、まさにこれで、「異質、あるいは不連続な差分」だからだった。ボールペン関連の音も同じで、この場所からそういう音はできるかぎり減らしていこうと、案内書きに言葉が足されていくことになった。

ここまでに何度も「静けさ」という言葉を用いてきたが、これはかなり便宜的なもので、「本の読める店」が必要としている状態は本当は静けさでもなんでもないのかもしれない。音環境によってもたらしたいことはいくつかあって、そのひとつが「たしかに本の読める状態を守ること」だ。外部からの刺激で簡単に気を削がれうる読書というフラジャイルな行為を応援するために、「異質、あるいは不連続な差分」になる音を取り除き、「なだらかな違い」にしかならない音、認識に至らない音、意味の外側で留まる音で空間を構成しようということだ。おしゃべりやパソコンがダメなのも、ペンの扱いに気をつけてもらうことも、そのための決まりだ。静けさはその結果として現れたものでしかなくて、もし新幹線内に支店を出すとしたら、静音の工夫に走るのではなく、不連続な差分のない電車の騒音をそのまま有効に使うだろう。

第8章

# おひとりさまが主役になる

## ともにある

ふたりで寝れば暖かいが
ひとりでどうして暖まれようか

姉の結婚式で神父がそう言い放った瞬間に怒り心頭に発し、

「異議あり！　どうしてふたりの幸福を持ち上げるためにひとりを貶める必要があるんだ！」

と野次を飛ばしそうになった。ぐっとこらえた。祝福ムードをぶち壊すわけにはいかない。しかしそれにしたって唐突に発動された暴力みたいな言葉だった。姉の晴れ姿をニコニコ見ていたら後ろからぶん殴られたようで、痛みを感じる前にまず驚く、そして憤怒する、というのが僕に生起した感情だった。その言葉によって傷つく人間がいることが想像できないのだろうか。

毎晩、薄ら寒い思いをしながら、「でも、お布団に入ればあったかいもん」とつぶやきながら、寝ている人間がいることを……。僕はその時分、お布団ですらなく、寝袋で寝ていたのだが……。

長らくこの聖書の言葉を、反発すべき、唾棄《だき》すべきものだと思っていた。開店当初、フヅクエは「一人の時間をゆっくり過ごしていただくための静かな店」と謳っており、僕の「一人」への意識はとても強かった。「二人」への反発もあった。どこかのカフェとかで二人組やグループ客がのんきな顔でぴーぴーとしゃべっている姿に対して、「あいつらは真面目に人生を生きていない。そのくだらないおしゃべりは人生とどう関係あるんだ？　真剣に生きろよ！」というような怒りや軽蔑すら感じていた（あのときはさすがにどうかしていた）。「人はもっと一人の時間を大切にするべきだ！」と、「一人」をことさらに称揚する態度をとっていた。「世間や社会から隔絶された場所で、一人の時間を過ごそうぜ。ストラグルする人の背中を俺は押したいんだ」というような。「ストラグル」がキーワードだった。「みんなが町で暮したり／一日あそんでゐるときに／おまへはひとりであの石原の草を刈る／そのさびしさでおまへは音をつくるのだ／多くの侮辱や窮乏の／それらを噛んで歌ふのだ」という宮沢賢治の「告別」が支えだった。

その意識は徐々に弱まっていったが、今だってそれはもちろんゼロではないし、今こうやって「告別」を引き写していたらそれだけで目頭が熱くなるようだったから、大切にしたい態度ではあり続ける。ただ、「本の読める店」を考えるときに、「一人」はもはや目指す形を言い表す言葉ではないし、また、「たしかに本の読める状態」は、「二人」に敵意を向け、そして、「二人」を排除しないと守られないものでもない。ストラグルよりも、豊かさ、享楽。キーワードも変化していった。

それとともに聖書の言葉も、違う意味を帯びるようになった。先に引いた節の周囲はこうなっている。


ひとりよりもふたりが良い。

共に労苦すれば、その報いは良い。

倒れれば、ひとりがその友を助け起こす。

倒れても起こしてくれる友のない人は不幸だ。

更に、ふたりで寝れば暖かいが

ひとりでどうして暖まれようか。
ひとりが攻められれば、ふたりでこれに対する。
三つよりの糸は切れにくい。

「コヘレトの言葉」(4:9-12)

こうやって読んでみると、夫婦だけの話では全然なかったことがわかる。もっと広く、何かと「ともにある」ことの心強さを言っている。「ともにある」は、夫婦や友人や家族というような、わかりやすく「絆」みたいなものを感じさせるものには限定されない。たとえば会ったこともないネット上の誰かをふと身近に感じることだって「ともにある」状態で、画面の向こうのタレントやアイドルの姿に救いのような感情を抱くことだってそうだろうし、飼い猫のぬくもりを感じることだって言うまでもなくそうだ。信仰心を持つ人にとっては神は大きな「ともにある」存在だろう。読んでいる小説の登場人物がそうなることだって、当然ある。空とか海とかでもいいのかもしれない。映画館が尊い場所なのは、同じ映画を同じ時間に観に来たたくさんの「ともにある」人たちがいるからではないか。なんであれ、やみくもにであれ、「しかし一人ではない」と感じられる状態。それが「ともにある」ということで、そういうものをいっさい欠いた状態をこそ「孤独」と呼ぶのではないか。

人が、生きている時間を豊かなものとして享楽するとき、必ず「ともにある」状態の中にいるのではないか。であるならば、「本の読める店」もまた、「ともにある」が生じる場でなければいけないだろう。

## 「ひとり」が多数派になる

フヅクエは95％の方が一人で来られる、かなり純度の高いおひとりさまの店だ。読書の時間という性質上、一人で過ごす人が圧倒的に多くなる。なかには親子や夫婦やカップルや友人同士で来て、それぞれに独立した読書の時間を満喫していく人たちもいて、何組か思い浮かぶ顔がある。その人たちを僕は好きだ。でもそれは例外で、二人よりも一人のほうが、満足度が高くなるように見える。

一人のほうが、平均滞在時間は長く、平均客単価は高くなっている。より長く過ごし、より多く飲み食いをしている。一人のほうが、より自分を甘やかした過ごし方をしていると言える。

せっかく店に対する気兼ねが取り除かれたとしても、二人になると気兼ねをする対象ができてしまうということかもしれない。本を読んで満足をするまでに必要な時間は人によって異なる。日によっても異なる。映画には終わりの時間が明確にあるが、読書はそうではない。そうなると、一緒に来た人の顔色をうかがってしまう（「もう飽きたかな。そろそろ帰りたかったりするかな」）。飲み食いをするペースにしても、「店から見たおひとりさま」（第4章）でも書いたように、相互に影響を与え合う。一人であれば、ただ自分の欲求のままにオーダーすればいいが、二人だと、一人だけで突っ走りにくい。会計を割り勘で持つこともあるだろうし、どちらかが出すこともあるだろうし、金銭的なことだけでなく、飲食欲求の個人差にギョッとする／されるということもあるかもしれない。「え！　どれだけ飲むの!?」というような。

会話の問題もある。フヅクエは「おしゃべり禁止の店」という形容をされやすいが、これはしゃべる側の観点でしかなくて、一人で来た人にとっては何も禁止されていない。「しゃべれない」ではなく「本が読める」でしかない。しかし二人だと様相が変わる。たとえ揃って本を読むつもりで来ていたとしても、二人でいるという状況における自然な振る舞いの中には、しゃべるということが内蔵されている。面白いことがあったら、つい話しかけたくなってしまう。しかしフヅクエではそれができない。二人は一度剝がされて、それぞれ一人で過ごすという、不自然な設定をし直すことを強いられる。二人の場合、よほど気の置けない関係であり、かつ、よほどしっかりとしたコンセンサスが取れていないと、そして、「ゆっくり本を読みたい」という欲望を同じ強度で持てる相手とでないと、何かしらのアンバランスさ、気兼ねが生じるように見える（そして繰り返しいらっしゃる二人組の方々というのは、見事にそれをクリアしているように見える）。

だから「本の読める店」は、一人で過ごすほうがより自然な選択となる。そしておひとりさまが圧倒的多数派になる。おひとりさまが主役になる。

でも、マジョリティになったということだけで得られる安心や心強さなんて、たかが知れている。本質はそこにはない。

## インストールしてもらう

おひとりさまが多数派を占めていようとも、一人で来て一人で過ごすという点では、他の場所に一人で行くことと変わらない。

一人で初めての店に入るのは不安や緊張を伴うものだ。小さな店であればなおのことで、そのときそこにあるのはこわばった身体だ。実際、ＳＮＳでフヅクエに来られた方の感想などを読むと「最初は緊張したが」や「最初は落ち着かなかったが」といった言葉を見かけることはしばしばある。一人の人が多数派で、一人で過ごすことが歓迎されている店だと頭ではわかっていても、そうなる。それをいかに最初だけで終わらせるか。いかに迅速に、リラックスした、しなやかな身体を獲得してもらうか。

すでに述べたように、それを実現するためのひとつの道具が案内書きだ。「馴染み客」というのは「店のことは十分に知っている」と感じられている状態にある人、という言い方もできると思うが、何度も通わなくとも、一度しっかりとこれを読むことで、一見さんも十分に知れる。すると馴染む。迷いや不安をなくすことができる。

さらにそこに書かれている言葉は、淡々とルールを伝えるだけの無味乾燥なものではない、ノイズにまみれた、血の通った言葉になっているつもりだ。意味伝達だけが目的であればもっと効率のいい書き方はできるはずだが、ここで目指されているのは花束を手向けるように言葉を使うことだ。すべてが「あなたを歓迎する」の意に収斂するような、そういう言葉。それは、お客さんをひとりひとりの人間として迎える姿勢を伝えることでもある。匿名の存在として扱われる気楽さは否定できるものではないが、豊かで滋養のある時間を過ごしたいときにされたいのは、機械的な冷たい扱いではないはずだ。生身の歓迎の言葉に触れることで、読む人のうちにぬくもりのような気持ちが生じるとしたら、それはとてもいいことだ。

盛大に狙いを外していて、大半の人が「さむ〜」と思っていたら空恐ろしいことだが、「最初は緊張したが」に続けて「メニューを読んでいるうちにリラックスできた」「店の考え方を知れてのびのびと過ごせる感覚になっていった」というようなことを書いてくれる人は大勢いるから、きっと、思い違いではないと信じたい。

この案内書きの書かれ方は、また、読む人の理解を信頼するからこそでもある。この場所にやって来る人を知性のない存在だと考えていたらこうは書けない。たいていの店がそれで済ませるように、箇条書きで終わりにするはずだ。そうしないでうだうだと書いてくるということ自体に、読む人は、知性を信頼されているという感覚を得るはずだ。信頼されて嫌な人はいない（「長時間にわたる席の占拠は他のお客様のご迷惑となりますのでご遠慮ください」の注意書きから溢れ出ていた信頼のなさを思い出したい）。

初めて入る店で感じる心細さは、もうなくなっているはずだ。文章を通して伝えられる「あなたをこそ歓迎する」というメッセージ。それを十分に受け取ったとき、人は、談話を介することなく、店との結託を果たしている。

## 「独り」ではなくなる

快適に本を読みたいと人が願うとき、同じ空間に居合わせた存在は基本的にリスク因子でしかなかった。にぎやかな会話、あるいは荒い手つきでの仕事や勉強が、いつ始まってもおかしくない。偶然にも本を読むのにちょうどいい環境になっているときに湧き起こる思いは、「このまま何もなく過ぎてくれよ」という、望みの薄い弱々しい祈りのようなものでしかなかった。他者の存在は、なければないほどにいいものだった。居合わせた他者が読書を勇気づけてくれることなんて、まずなかった。

しかし、「本の読める店」においては様相が異なることに、少しすると気がつくことになるはずだ。この場所にいる他者は、目的を同じくした存在だ。自分がそうであるのと同じように、他の人たちもどうやら、「ゆっくり本を読んで過ごしたい」という欲望を抱えてここに来ているらしい。見渡せば実際に、自分と同じく本を開いて黙然と読んでいる人ばかりだ。この人たちも自分と同様に、この時間の平安を享受し、そしてその持続を願っていることだろう。一緒になってこの時間を成就させようとしている。そう感じられるはずだ。

　これがネットカフェのようにブースで区切られていたり、あるいはパーテーションで仕切られていたりしたら、そういう心地にはきっとならない。フヅクエは、人と人がすっぱり切り離されているわけではなく、地続きに他者がある。すると隣の人や他の人がまったく無関係な存在にはならない。パーソナルな過ごし方が守られながら、同時にたしかにパブリックでもある。

　読書好きの人ならば、街中で本を開いている人を見かけて親しみのようなものを感じた経験が、一度はあるのではないか。期せずして見つけた本を読む人の存在に、異国の地で同胞を見つけたときのような気持ちを覚えたことがあるのではないか。そればかりが起こる空間。今日このとき、この場所で本を読む、それを欲望してやって来た人たちが今、集まっている。そうたしかに信じられるとき、居合わせる他者の存在は、噴火の可能性を常に感じながら無力だと知りつつも手を合わせて鎮静の持続を祈るしかない活火山のようなもの、つまり自身を脅かしうる存在ではいささかもなくなり、ある種の同志のような、共犯者のような存在に変わっていく。不思議な親密さのようなものが場に生じて、「みんな」のような感覚が立ち現れる。

それはおそらく、野球場で、映画館で、コンサートホールで起こっているのと同じもののはずだ。これらは、ライブの場であるということと並んで、同じ欲望を持った人たちが同時に居合わせる場であるということに強い意味があると思う。みな自分と同じものを目的にこの場に集まっている、という感覚。それがうっすらとした連帯を場全体に与える。独りではないという心強さ。ある種の公共圏のようなものがそこには立ち上がっている。

「本の読める店」はその読書版だ。ここでは、「読書の公共圏」とでも呼んでみたくなるような磁場がつくられる。読書をする人同士が、顔を見合わせることも言葉を交わすこともないまま、互いを勇気づけ合う、肯定し合う、敬意を表し合う、そんな空気ができあがる。「ともにある」の感覚はここで、強く太く大きなグルーヴになるだろう。

## 敬意を払い合う

敬意。同じ欲望に基礎づけられた敬意。野球場であれ映画館であれコンサートホールであれ、複数の人が場を同じくするに際して大切なのは、とにかく敬意だ。敬意とは、「僕はこの時間を楽しみに来ている。あなたもどうやら同じようだ。それならば、みんなが楽しいのが一番いい」という気持ちを伴った行動だ。敬意の欠落を目の当たりにするのは、寂しいし白ける。映画館でスマホを見る人、コンサートホールで話し続ける人、野球場で……野球場はなんだろうな。野球場はもう少しおおらかな場所かもしれない。でもサッカーの動画を見ている人がいたらさすがに寒いかな。

他者に敬意を払うのは礼儀として要請されるからだけではなく、そこに積極的な効用があるからでもある。他者に親切にできたときと同じように、他者に敬意を払えたとき、僕らの脳内では幸福感を司る「報酬系」が刺激されているはずだ。他者への敬意は折り畳まれて他者へ敬意を払えた自分への敬意にもなるし、他者から自分への敬意を感じたら自分も他者に敬意を払いたくなる。他者への敬意の欠如と自己への敬意の欠如が両輪だったように、その対極で、敬意は敬意を呼び敬意を増幅させる。

「本の読める店」がやっているのも、突き詰めてしまえば、読書をしに来た人たち同士が互いに敬意を払いやすいような環境を用意すること、それに尽きる。

それと同時に、敬意の欠落があったとしてもできるかぎりそれを不可視化すること。映画館のスマホ者がそうであるように、居合わせた人の過ごす時間の心地よさになんて1ミリも興味がありません、という態度を見ずに済むこと。仕事を、勉強を、会話をしたかった人の中にも、周囲に対してたしかに敬意を払える人はもちろんいる。でも、払えない人もはっきりといる。絶対に現れる。「傍らに人なんて、いましたっけ？」という人はどうしたって現れてしまう。そして敬意の欠落は荒々しい動きや音として可視化されてしまう。たとえごくたまにであったとしても、豊かな時間を過ごしに来てくれた親愛なる人たちにババを引くリスクを背負わせてはいけない。だからこそ、タイピングが、会話が禁じられている。極論を言えば、「本の読める店」が決まりごとを必要としたのは、「静かでなければいけないから」ではなく、「敬意の欠落が周囲に伝わることを防がなければいけないから」だったのかもしれない。

もちろん本を読みに来た人たちの中にだって、周囲に対する敬意や関心なんてひとつもない人はいるだろう。ただ、幸いにして読書というのは、再三述べているように極端にスタティックな行為だ。祈りの姿勢と大差のない、静かな、動きのない行為だ。だからそこに敬意の欠落があったとしても極めて見えにくい。可視化されない。黙々と本を読みながら敬意の欠落を周囲に撒き散らすということは、なかなか至難の業だ。

しかし敬意を払うとは、ややもすれば気疲れするものでもある。気を遣うことと紙一重だ。

自分の中の何かを差し出すことでもあるだろう。それは犠牲や負担を伴うこともあるかもしれない。公共圏の中で、人は、私的な振る舞いと制度下での振る舞いとのバランスをとるよう求められる。映画館で面白い場面があったとき、同伴者に話しかけたくなっても（私的な振る舞い）、他の人に迷惑だから自制する（制度下での振る舞い）。自制は立派なことだが、これは「したいこと」と「してもいいこと」のあいだに乖離が生じた場面だ。これが重なれば負担になる。疲れる。

「本の読める店」の場合はどうだろうか。フヅクエに来るのは、ゆっくり本を読みたい人たちだ。この人たちがしたいのは、おしゃべりをすることでも、仕事をすることでもなく、ただゆっくり本を読むことだ。パソコンのルールも会話のルールも、彼らを縛るものではなく、その脅威から守るものとしてある（だからフヅクエはルールが多いと言われることが多いが、ゆっくり本を読みたい人たちにとって、何かを禁じられたと感じるものではないはずだ）。ここにおいて、「したいこと」と「してもいいこと」のあいだに乖離は生まれない。本来やりたかった、思うがままに本を読むということは、どんな制限もなくおこなわれる。それがそのまま、周囲の同じく読書をする人たちに敬意を表する行為にもなる。利己の行動が利他の行動にそっくりそのままひっくり返るとき、いかなる犠牲も払うことなく、場は自然と、敬意に満ちたものになるだろう。

## 多大なポイントを獲得する

最後に整理するため、第4章で登場した「ポイントシステム」を久しぶりに持ち出す。おさらいをすると、初期設定はこの通りだ。

店の人＝20ポイント
常連・店の人と顔見知り＝10ポイント
一見さん＝2ポイント

おひとりさまの一見さんは従来2ポイントの存在でしかなく、大きなポイントを獲得して安心して過ごせるようになるためには、店の人や他の客と仲良くなるであるとか、何度も通って常連になる必要があった。談話や場数を経ない結託はなかった。「本の読める店」においては、どうなったか。

まず案内書きを読むことによって店での過ごし方を知悉し（常連さん化で10ポイントに変身）、同時に、テキストを通して、この店はあなたのような人にこそ来てもらいたかったのだという全幅の歓迎が伝えられる（「店の人」の20ポイントを獲得）。この時点で30ポイントにもなり、店の扉を開けたときにこわばっていた身体はすでにやわらかな、リラックスしたものとなっているだろう。この状態に至れば何時間でも安心して過ごせるはずだ。

そこにさらに、場をともにする、欲望を共有する人たちの存在がある。それぞれの時間をいいものにしようという合意が無言のうちに交わされているのを感じる。結託だ。共謀だ。全員が常連さん化を果たしている存在だから、仮に他に9人いたら、90ものポイントが付与され、120ポイントにもなる。120ポイント！　嵐のような激しいグルーヴに巻き込まれる！　これでもう、無敵の存在だ。

本を読む場において従来はリスク因子でしかなかった他者の存在は、「本の読める店」においては勇気づけ合う存在となり、むしろ、その数は多ければ多いほどいい。欲望の足並みが揃った人が同じようにそこにいることの安心感。みんなが味方だと思えるときの、果てしない心強さ。

　ふたりで寝れば暖かいが
　ひとりでどうして暖まれようか

「ひとりよりもふたりが良い。共に労苦すれば、その報いは良い」。そう、その報いは、良い。読書というひとりぼっちでおこなうフラジャイルな行為を肯定し合い、敬意を払い合うこと。ともにある時間を生きること。

「大丈夫だ」と僕は言って、ソーダの缶の蓋を開けてテーブルの上に置き、研修生の顔とシャツを拭いた。「「峠は越えた。僕はあなたとともにある」」と僕はホイットマンを引用した。「「そして事の次第を知っている」」。彼は泣きだした。おそらくこの二十二歳の若者は、故郷を遠く離れて今この場所にいるのだろう。その光景は、端から見ればどう考えても間抜けだ。しかし彼の恐怖、そして僕の共感は本物だった。

ベン・ラーナー『10:04』(木原善彦訳、白水社) p. 213

第9章

# 誰も損をしない仕組みをつくる

私は今、ソファに深く埋もれるように座り、本を読んでいる。傍らのテーブルに置かれているコーヒーのことはもう長いこと忘れている。飲み物や食べ物だけでなく、他のお客さんや店の人の動きの気配もうっすらとした膜のようにひとつ後景に退いて、今の私は目と手とページになっている。本の中におります。次から次に起きる出来事に意識は全部持っていかれていて、すっかり肩入れしている登場人物たちがこの先どうなっていくのか、それだけが気になる。ハッピーエンドであってほしい。ページをめくると、左側に大きな余白が現れた。章が終わった。それで意識に区切りが軽く打たれたのか、久しぶりにコーヒーのことを思い出し、口に運んだ。すっかり冷めている。それはそうだ。でもおいしい。おいしいコーヒーは冷めてからもおいしいものだね。この場所に来て、どれくらいの時間が経っただろうか。それがどれくらいであっても一向に構わない。今日は気が済むまで本を読むと決めていたのだから、気の赴くに任せて、ただただ読書を楽しもう。

あれをお出ししたのは3時間くらい前だったろうか。まだ残っているのか、すでに飲み終えているのかは知らないし気にもならない。「すっかり夜になったし、お腹減ったりしないものなのかな」とたまに思ったりもするが、視界の端に映っているその姿は微動だにしない。今はとにかく読書に没頭しているのだろう。僕はそれを、好ましい、うれしい思いで見る。見るというか、あまりお客さんのほうを見ることはしないので、その存在をときおり思い出しては、「読んでる読んでる〜！」と思う。

気がつけば席は大方埋まっていた。どの方も来られてから2時間以上は経っているだろうか。今日もすごくいい時間が流れている。この人たちにとっても有意義で満ち足りた時間になっているのならば、本当にうれしい。「さあみな、どんどん読め！」と心の底から思う。今はオーダーもないから、僕も本を開こう。

＊　＊　＊

おいらがこのコーヒーを注文したのは何時何分だったっけか。ちゃんと時間を見ておくべきだったか。メニューには「2時間ごとにワンオーダーをお願いしております」と書かれていた。しかし何時においらは来たんだったっけか。もう2時間になるだろうか。そろそろ何か追加で頼んだほうがいいかもしれない。しかし「2時間ごとに」というのは、要は4時間いるなら2杯頼んだらいいという理解でいいんだよね？　別に3時間経ったところで次の飲み物をオーダーするのでもいいっていう認識でオーケー？　でもその場合って、2時間から3時間にかけての1時間のあいだ、「あいつ頼むのかな、頼まないでこのまま居座るつもりなのかな」とか思われたりするのかな？　考えすぎか。でも気になるといえば気になる。まだ飲みたいわけではないけれど、頼んでおいたほうが無難か？

　だいぶ、混んできたな。「混雑時の長時間のご利用はお断りする場合があります。皆様に心地よく過ごしていただけますよう、他のお客様へのご配慮・ご協力をお願いいたします」ともあるけれど、どこから「混雑時」になるのかな？　そしてもうその「長時間」に該当する身なのかな？　「お断りする場合」というのはあちらから言ってきてくれるのかな？　「ご配慮・ご協力」とはすなわち、帰れということなのかな？　それとも追加オーダーをすればリセットされるのかな？　今おいらがここにいることを、店の人は歓迎してくれているのかな？　それとも、とっとと帰れよとか思っているのかな？　さっきからそんなことばかり気になっていて、文字を追ってはいるけれど、本の中身が全然頭に入ってきていないな？

あの人もうとっくに、2時間どころか3時間いるんだよな。どう考えても追加してほしいんだけど、説明を見てなかったりするかな。それとも見たうえでこのまま頼まないで居座るつもりなのかな。だとしたらずるいよな。ずいぶん厚かましいものだよな。注意するのってけっこうストレスなんだよね。言わせないでほしいよね。でもそろそろだな。なんて言おう。「頼むか帰るかのどちらかにしていただけませんか？」とか、角が立つよな……。

あーあ、満席で入れないお客さんが出ちゃった。あの人とかあの人とかもうずいぶん経つんだよな。ドリンク1杯でよくそれだけ粘れるよな。盗っ人猛々しいというやつかね。そろそろ帰ってくれてもよさそうなもんだけど。そうしたら次の人を入れられるんだけど。「ご配慮・ご協力」って書いてるのに誰もしてくれないとか、この社会はどうなってるのかね？　他者への関心とか薄すぎじゃない？　しんどいわ。やっぱり言いに行かないとな。

## 「その人たち」だけで成り立たせる

お客さんも店も、誰も損をしないことだ。店を続けていくためには、矛盾を抱えない形を構築することが肝要だ。どこかに無理があると、結局は全員が損をすることになる。店は、もてなしたいという気持ちや喜んでもらいたいという気持ちをガソリンにして、ある程度は走っていけるだろう。若ければ体力もあるから無理も利くだろう。でもそれだけで続けていくことはできない。ガソリンだとばかり思っていた「気持ち」は、アクセルを踏む右足でしかなかった。売上こそがガソリンだ。ガソリンがなければ車は動かない。

それならばと、たとえば席数を増やす。これまで余裕のある席の配置だったのが、肩が触れ合わんばかりとなり、落ち着かない場所になった。

たとえばイベントを打つ。これまでは本を読みたくなったらいつでも行けると思っていたのに、最近は毎週のようにライブやトークイベントをしていて、行きたい日に行けなかったりする。

たとえば、おしゃべりが解禁される……。静かだからこそ本を読みたい自分にとっては意味がある場だったのに、今では「本に囲まれたカフェ」でしかない。写真をパシャリ、愉快にけらり。悲しいけれど、さすがにもうめったに行かなくなるだろうな。苦渋の変化を余儀なくされ、その結果、本来もてなしたかったはずのお客さんは離れていく。お客さんの顔は次第に入れ替わっていく。パシャリ、けらり。ただ消費されているだけで、誰のことも幸せにできていないように感じる。だんだん、誰のために、なんのために店をやっているのか、わからなくなる。でも続けることが大切だと、踏ん張る。それでも売上の不足は補いようもなくなって、行き詰まる。諦める。店を畳む。

どこかに無理があると、結局は全員が損をすることになる。

この場所が幸せにしたい人。こんなふうに過ごしてもらいたいんだよなという過ごし方。

「あ、この人たちみんな好きだな」と思える状況。それだけで、店を成り立たせたい。理想的な状況が、店にとってどんな矛盾や犠牲も孕んでいない状況にしたい。

それは「きれいごと」だろう。だが、きれいごとを欲望し、追求することから始めなかったら、なんのための事業なのか。

フヅクエにおける「この場所が幸せにしたい人」、つまり「「今日はがっつり本を読んじゃうぞ～」と思って来てくださった方」、その人たちだけで、どうやったら成り立つだろうか。その試行錯誤の結果が、案内書きで見ていただいた通りの、現在の料金システムになる。「オーダー内容に応じて席料が変動する」「滞在時間が4時間超になるとさらに席料が上乗せされていく」「定価以上を払いたい場合は好きな金額を上乗せすることができる」。よそでは見たことのない、おかしな仕組みだ。

この仕組みはどのようにつくられ、そして過ごす人に対して何をもたらしているだろうか。

## 矛盾をなくす

「「今日はがっつり本を読んじゃうぞ〜」と思って来てくださった方」というのは、必然的に「ゆっくり過ごす人」だ。30分で３００ページを読むわけにはいかないからだ（速読の人はわからないが）。

「本の読める店」に来たからには、ゆっくり、気の済むまで過ごしていってほしい。何も気にせずひたすら本を読みたいというその欲望が、完璧に成就することを願っている。

これがスタートだ。では、そのために必要なものは？

まず、この気持ちが嘘にならないこと。お客さんの滞在時間が何時間になろうとも、そこに「そろそろ帰ってくれないかな」という気持ちを抱かずに済むこと。「今はまだ大丈夫だけれども、もしこのまま追加注文をせずに過ごし続けられたとしたら困るな」という先回りした心配や疑いを持たずに済むこと。つまり、すべてのお客さんを最初から最後まで歓迎し続けられること。

そのためには、お客さんの滞在時間の長時間化と商売の成立がいっさいの矛盾を持たないことが必要だ。それが実現できれば、すべてのお客さんの「がっつり読書」を、店は、「いいね！いいね！」と心底から思っていられる。

ここまでは店の都合だ。ではお客さんにとって実現すべき状態はどんなものだろう。それはなにをおいても、気兼ねをしないで済むことであるはずだ。心ある人はどうしたってそれが気になってしまう。「いいのかな？」と思わずに済むこと。そのために必要なのは、自分が長居をすることが店の人間にどんな不平や不満の心情をもたらしていないとはっきり知ること。どれだけいても自分が歓迎され続けているとはっきり知ること。その歓迎の中にはいかなる痩せ我慢も矛盾も含まれてはいないとはっきりと知ること。そうなって初めて、本当に気兼ねなく過ごすことができる。

以降、やや長い説明になるが、「本の読める店」の根幹をなす大事な「設計」の話であるため、少しお付き合いいただきたい。

現在の仕組みに至るまでに経た料金の仕組みは次の通りで、「完全に好きな金額を払ってください制」→「メニューに値段が付与されてオーダーした通りの金額を払う制（つまり普通のやつ）」→「オーダーが1000円未満の場合は1000円までは切り上げさせてもらう底上げ制」だった。この変遷だけでもそこにさまざまな試行錯誤、四苦八苦を感じられるが、この時分、客単価は当然ばらばらだった。コーヒー1杯700円で過ごしていく人もいれば、いろいろと飲み食いをして3000円や4000円になる人もあった。平均客単価は1400円ほどだった。

一方で共通していた項目もあり、それは滞在時間だった。平均は常に2時間半であり続けた。5時間や6時間の人が引っ張って長くなっているわけではなく、85％の人が1時間半以上の滞在だったから、総じてみなさんがゆっくりしている、ということだ。「PRESIDENT Online」の記事（2017年1月6日）によれば、「滞在時間が長い」とされるコメダ珈琲店で平均1

時間（ドトールコーヒーショップは30分）ということだから、平均２時間半というのは相当な長さだ。ともあれ、「人が好きなだけ読書をしたいと思ったときに過ごしたい時間は平均して２時間半になる」ということだと思う。

また、席数は「10」で、目一杯に忙しい日でお客さんの数は30人だった。回転率３ということだ。そんな日になると、閉店したときにはもうヘロヘロで、洗い物の山を前に呆然と立ち尽くすような状態になった。

さて、売上の計算式は「席数×回転率×客単価」だった。上記に当てはめていくと、「目一杯」という日で「10席×３回転×客単価１４００円＝４万２０００円」という売上になる。

４万円の売上は、僕は十分だと思う。店舗経営の文脈でよく言われるのは３日で家賃分になる売上が必要だということで、フヅクエの家賃は20万円弱だから、これでは５日かかってしまう。ただ、経営者としての未熟さゆえなのか、それともこの実感がそう間違っていないのかはわからないが、ほとんど人を雇わず人件費をかけずに店をやっていく分には、そこまでの金額は要らないと思う。仮に家賃から割り出された必要額６万５０００円を１日で稼ぎ出せていたとしたら、25日の営業日で月の売上は１６０万円になる。ここから仕入原価や家賃などの経費を引くと、約１０００万円が残る。１０００万プレイヤーだ！　もちろん、それだけ稼げたらうれしいかもしれないが、あまりにも重労働で、呆然と立ち尽くす時間は日に日に延びて、果てはゾンビのようになってしまうのではないか。健康的に続けていくためには、いい塩梅の売上がいい。日に４万円平均で月１００万円という売上は、ちょうどいい目標値だった（その後スタッフが増えていったため修正が必要になったが）。

日商４万円という目標値を考えたとき、どの数字を操作するか。その選択が、店のスタンスをはっきりと表す。たとえば席数の「10」を変えるとする。隣との距離がゆったりと取られたカウンターに椅子を増やす。物理的に可能なのは４席の増加で、「14席×３回転×客単価９５０円」、これで４万円になる。必要となる客単価が下がる。その代わりとして、カウンターはぎゅうぎゅうになってお客さんの快適さは損ねられる。それは「本の読める店」としては違う。だから席数ではない。

回転率はどうか。たとえば回転率を「10」にすれば客単価は４００円でいいようになる。この回転率が示すのは、さくっと１杯飲んでさくっと帰るという状態で、「気兼ねをしないでいくらでも長居できる」という目指す姿から最も遠いものだ。「人が好きなだけ読書をしたいと思ったときに過ごしたい時間は平均して2時間半になる」と先に書いたが、これに真っ向から反する設定だ。だから回転率を高く設定することもできない。そもそも「3」という値もあくまで半年に一度あるかないかという目一杯の日のものであり、ほぼ満席という状態が一日中続いてやっとそれになる。タイミングが悪く満席で入れないお客さんもどうしても出てくる。現実的な目標ではないうえに、お客さんにとっても大歓迎できる状態ではないものを目標値に掲げることはできない。ほどほどに埋まっている状態が長い、くらいがお客さんにとってもいいはずで、それは回転率でいうと「2」だった。この値で考えるのが妥当だろう。

これで考える材料が揃った。席数は「10」のまま、回転率は「2」。そうなると、客単価は「２０００」になる。2時間半と２０００円。これは馴染みのある数字に実に近い。「本の読める店」について考えるときにつねづね参照の対象としてきた映画館のそれだ。

映画を観たい人は、映画上映に特化した快適な環境で1本の映画を観る2時間ほどの時間に対して、１８００円であるとかの金額を払う。であるならば、本を読みたい人が、読書に特化した快適な環境で本を読む2時間半ほどの時間に対して２０００円であるとかの金額を払うというのも、決して不自然ではない。この金額が弾き出されたときに思ったのは、「そのくらいもらってもいいんじゃない？」ということだった。

ではどのようにしてその２０００円を、もらうか。

## 長居を前提にしてしまう

たとえば「１時間ごとにワンオーダー制」でもいいはずだ。２時間半いるとすれば３オーダーはすることになる。フヅクエの場合ドリンクが７００円からだから、それで２０００円は超える。ただこの方式には読書の時間を損ねるポイントがいくつもある。まず、刻まれていく時間をいちいち意識しないといけない。その負荷を軽くするために自己申告ではなく店から声をかける方法もありえるが、お客さんからすれば、１時間ごとに店員に脅しをかけられることになる。いずれにしても、お客さんが細々とした判断を強いられる点がなによりもよくない。まだ読んでいたいか、まだ飲み食いをしたいか、まだ課金を重ねるか。気兼ねをせずに読書を満喫できる状態からは遠い。

それに、滞在を続けるためには飲食物を頼まないといけない、ということも大きな問題だ。「本の読める店」において問われるべきは「飲みたいか？」ではなく「読みたいか？」であるべきで、もっと読みたい人が必ずしももっと飲みたいわけではない。

また、この仕組みを採用するとおそらく滞在時間が短くなる。1時間おきに訪れる課金タイミングは、「ここで切り上げたほうが安くつく」という、帰るきっかけとしても作用するはずだ。「人が好きなだけ読書をしたいと思ったときに過ごしたい時間は平均して2時間半」だった。もしこの値が短くなるとしたら、それは好きなだけ読書はできなかった人、なんらかの外部要因によって押し出されて帰った人が発生していることを意味すると見て間違いない。

そもそも、誰のための仕組みだったか。「その人たち」だけで成り立たせようとするときに、なぜ短い滞在を含めて考える必要があるのか。

その場をさくっと使う人にとっても都合がよく、同時に長い時間過ごす人にとっても最適な仕組みがあるならば、それが採用されればいい。だが、さくっと利用する人への目配せが、長時間を過ごそうと思って来た人の滞在時間を短くするように機能してしまうなら、それは害でしかない。臆病な日和見《ひよりみ》でしかない（言ってみれば、大切な日に使ってもらうようなレストランをやりたいのに、「パスタだけでもOKです！」という看板を立てるようなものだ）。なによりもまず「その人たち」のことから考える。それが「その人たち」以外にとって都合のよくないものになったとしても、それは仕方がない。そこは捨てる。「本の読める店」が訴求しようとするのは、ゆっくり本を読みたい人だけだ。

繰り返すが、その人たちに必要なのは、い続けるか、もう帰るか、その判断の基準が「まだ読んでいたいか」だけになる状態だ。

ゆっくり本を読むということにおいて何をどれだけ飲み食いするかは副次的な項目だ。その時間を彩るアイテムとしてはとても有用だが、しかし主では決してない。飲みたいコーヒーを注文することに喜びがあるのであって、もう飲みたいわけではないコーヒーを注文することに喜びはない。だから、その決定が外部の事情によって強制されないこと。個々の欲望の通りにオーダーされること。い続けるか、もう帰るかの判断基準の中に、飲み食いをめぐる判断がいっさいかかわってこないこと。同様に、支払い額も判断基準でなくなること。課金のメーターが小刻みに動くことに気を取られないで済むこと。

飲食店からすれば、あまりにもきれいごとに聞こえるだろう。でも、きれいごとをちゃんと欲望しよう。

するとどうなるか。オーダーの内容にかかわらず、全員から2000円をいただいたらいいということになる。

## 1500円の報酬をいただく

「2000円はいただきます。オーダーが2000円未満の場合は、差額を頂戴します」

これでどうか。最初はこれで万事解決するように思えた。

しかしどうやら「支払い額2000円」で考えるのは筋がよくないということに突き当たった。同じ2000円でも、利益として店に残る金額はオーダーされた内容によって異なってしまうからだ。それはお客さんに軽重が生じることでもある。

フヅクエの値付け方法だと、たとえば1000円の定食と1000円のビールで2000円になった場合、利益は1200円になる。一方で700円のコーヒーと差額の1300円で2000円とした場合、利益は1900円になる。

この場合、お客さんは「どうせ取られるならば」と、オーダーを2000円に寄せることが動機づけられるし、店にとっては、より小さな金額のものがより少なく頼まれることを期待するようになる。いびつなせめぎ合いが誘発される。食事や高価格のアルコールメニューよりも、利益を多く出しやすい喫茶に力を入れたくなるかもしれないし、オーダーが2000円に寄れば寄るだけ、「利益が薄まる」と感じてしまうかもしれない。これは不健康な状態だ。

店が必要としているのは、売上ではなく利益だ。「2000円の売上」で考えるのではなく、「1500円の粗利益」（フヅクエの原価率は約25%）で考えてみるほうがずっと建設的だし、筋が通っている。

そして発明されたのが、現在の「オーダーごとに小さくなっていくお席料」制だ（「案内書き」9ページ）。この仕組みによって、コーヒー1杯の方であれ、食事とお酒の方であれ、どんなオーダーであれ2000円前後のお支払いにはなり、そして、1500円の粗利益は確保できるようになった。こうなることで、まず店にとっては「ご注文はなんであってもいい」ということになる。お客さんがやって来て、そこで過ごすことを確定させた瞬間に、オーダーの数や種類にかかわらず、必要な利益は確保される。コーヒー1杯でどれだけ過ごしてもらっても、気にする理由がひとつもない。おかわりしてくれないのかな、などと思う余地もない。食事だけの人に対しても、飲み物も頼まないのかな、と思わなくて済む。当然、「追加のご注文は……」などの声かけもいっさい不要。たとえ何も頼まれなかったとしても（「飲み物もあったほうが楽しくないかな？」とは思うけれど）不満を持つこともない。そんな人はさすがにいないだろうと思っていたら、これまでに二度、飲食することなく過ごしていく方があった。どちらの方ものんびりゆっくり本を読んで過ごされた。お帰りの際、注文なしパターンを明示はしていないからやや身構えながら１５００円と伝えると、よどみなくお支払いになった。一人の方はその後、いい時間だったとお手紙を送ってくださりすらした。

また、4時間超の滞在については席料が上乗せされていくから、滞在時間がどれだけ長時間化しようとも、機会損失が生じることもない。仮に開店と同時に満席になって、その人たちがそのまま閉店まで12時間いて、入れないお客さんが続出したとしても、売上が損ねられることはなく、店側の歓迎の気持ちが曇っていくようなことにはいっさいならない。

現在の仕組み以上に、ゆっくり気兼ねなく過ごしてもらうことと健全に商売を持続させることとを美しく共存させられるものを、今の僕は思い描けない。居酒屋などお酒を飲むことが想定されている店では、飲み物を追加しながら滞在時間を買い足していくような感覚が一般通念として浸透しているはずだが、ややもすればひとつオーダーをすれば席を買い切ったとみなされかねないカフェのような業態で、もし長居する人だけを受け入れる店をやりたいとしたら（それはとても極端な店だが）、これが最適解なのではないだろうか。

また余談だが、お酒を飲ませる店であっても「水だけ問題」はしばしば話題に上がる。オーダーは食べ物だけというお客さんのことを店がうっかり愚痴としてツイートして、同業者や「理解ある人たち」が同調し、「店の都合を客に押し付けるな」「暗黙の了解なんて知ったこっちゃない」と反発する人たちも現れて炎上する。逆に、「水を頼んだら８００円も取られた」としてフレンチレストランが炎上したこともあった。

こういったことも、似たような仕組みの導入でだいたい解決できるのではないだろうか。フヅクエほどの細かい設定は楽しい食事をしに来た人たち向けではないし、なにより煩雑で理解してもらうために時間もかかるので、簡略化し、「ドリンクのご注文０杯の場合は１０００円、１杯の場合は５００円のチャージ料をいただきます」とドリンクメニューの隅っこに記しておくくらいであれば、導入も運用もずいぶん簡単にできるのではないか。店の存続のために必要な金額を払うことに対して「そんなには払いたくない」と言う人を迎えたところで消耗するだけだから、これに嫌な顔をする人はそもそも客として迎える必要もない。

ともあれ、「オーダーごとに小さくなっていくお席料」制は、「お客さんの滞在時間の長時間化と商売の成立がいっさいの矛盾を持たないことが必要だ。それが実現できれば、すべてのお客さんの「がっつり読書」を、店は、「いいね！　いいね！」と心底から思っていられる」と書いた通りのもので、店にとっては言うことがない仕組みだ。きれいごとをきちんと眼差し、考え続けてみれば、何かしら答えは見つかるものだ……。

と悦に入りたくなるが、ではお客さんにとってはどうなのか。ただ納得や理解が生まれるだけだろうか。それとも、この仕組みがあるからこそ生じる深い喜びのようなものもあるのだろうか。

## 気兼ねをゼロにしてあげる

「オーダーごとに小さくなっていくお席料」制です。席料表は下記の通りです。

仮に説明がこれだけで済まされていたら、半分ほども伝わらないだろう。「まあ、ゆっくりする店ということだし、このくらいは必要ということなんだろうけど、それにしたっていい値段するよな。これだけ払うなら長居もするわな。しかしこれ、さくっと使いたい人からしたら地雷だよな」くらいが関の山かもしれない。このくらいは必要であることも、それがいい値段であることも、これなら長居が促されるということも、さくっと使いたい人にとって地雷であることも、どれもおおよそその通りだが、いかにもさみしい伝わり方だ。

それ以上に、いくつもの「とはいえ」の余地が残っていることが大きな問題だ。

この仕組みによって最も強くサポートされるのは、「したいことはとにかくゆっくり読書をすることであり、飲食は最小限でいい」という人たちだ。これまでも書いてきたように、カフェや喫茶店で長居をするにあたって最もよりどころのない気持ちを味わっていた存在だ。この人たちの気兼ねをなによりもなくすこと。

しかし仕組みの説明、計算例の提示だけで終わっていた場合、コーヒー１杯７００円で席料９００円と合わせて１６００円という自分が払う金額は、まったく安い金額ではないとはいえ、たとえば１０００円の定食と８００円のビールと３００円の席料で２１００円を払う人に比べたら、店にとっては価値の小さい客なのではないかと考えてしまう余地がある。というか、普通の人は「そのメニューの利益はいくらか」なんていう観点は持っているはずがなく（持つ必要もない）、支払額の多寡でしか考えないはずだ。だから、「とはいえ、お酒を飲んだりご飯を食べたりする人のほうがうれしいんでしょう？　だって支払額はより大きいのだから」と考えてしまうことは自然なことだし、たとえば夕飯どき、他のお客さんがみな食事を頼んでいたら、どこか肩身の狭さを覚えてしまうとしても不思議ではない。コーヒー1杯での長居も可能なようにはなっているらしいとはいえ、それが消極的な歓迎なのか、全面的な歓迎なのか、客には判断する材料がない。「ゆっくりしていってください」とはたしかに書かれている。とはいえ、どれだけいてもいいものなのか。その言葉に甘えてそのままずっといたら、店の人間から、「いや、書きましたよ、書きました、ゆっくりしていってくださいねと私たしかに書きました、とはいえ、さすがに長すぎるんじゃないですかねえ」と思われる存在になってしまうのではないか……。その塩梅はわからないままだ。

　しかしフヅクエの案内書きの説明では、店の手の内が詳《つまび》らかにされている。読み手は、ただ結論としての決まりごとを与えられるだけではなく、店の思考をなぞり、追体験することになる。全員が店に1500円の利益をもたらす存在になる……それは店の運営にとって必要かつ十分な金額である……だからすべての過ごし方を心底から歓迎できる……。プロセスをなぞることで読み手のなかに生じる深い理解は、「この場における長居とは価値の根幹であり、もはや許可されたものですらなく、デフォルトの設定である」ということだ。長居をすることは甘えや厚かましさであるどころか、客が店への連帯や支持を表明する行動ですらある、ということだ。ここまで理解が進んでしまえば、もう何ひとつ、「いる」ことに対して気兼ねをする必要はなくなっているはずだ。

## 「安い客」でいられないようにしてあげる

心地よくゆっくり気兼ねせずに何時間も本を読んで過ごしたい人がしたいことは「心地よくゆっくり気兼ねせずに何時間も本を読むこと」であって「安く済ませること」ではない。まどろっこしい書き方かもしれないが必要なまどろっこしさで、「安さ」は店をやっている人間にとっても誘引力を持つもので、「安いに越したことはない」という考えはすぐに忍び寄ってくる。安さ側に寄せてしまうほうがしやすい判断だったりもする。つい引っ張られる。だから大事なことは、何度も自らに言い聞かせないといけない。

フヅクエにやって来る人が欲しているのは「安く済ませること」ではなく、「ただただ心地よく過ごすこと」だ。という前提に勝手に完全に振りきってしまったのがこの席料制で、フヅクエでは、どうあがいても「安い客」ではいられない。そのことが過ごす人にもたらす効果は無視できない。

お金を払うということは、その対象に「いいね！」の意思表示をすることだ。もちろんすべての支払い行為がそんな前向きなものばかりではないことは百も承知だが、小さな規模の店をやっていくにあたっては、店はそういう性善説というのか、ここでもやはりきれいごとを、勝手に前提として立ててしまったほうがいいように思う。「ここに来てくれる人たちは全員が全員、この店を支持してくれて、そしてこの店の存続に必要な金額を落とすことにやぶさかではない人たちだ」と勝手に措定してしまうことで、「ではそんな最高に親愛なる人たちに対して何を提供できるだろう」という前向きな舵の切り方が見いだされていくのではないか。「贈る意識」の中で事業を営むことができるのではないか。話をお客さん側に戻すと、お客さんは、店へのエール、投票として、お金を払う。そのとき、自分が落とす金額が不十分なものではないどころか、店にとってはっきりと意味のある金額だと実感できれば、そこに満足が宿る。「安い客」でいられないことがもたらすメリットのひとつがこれだ。

そして、それと同等、あるいはそれ以上に重要なのが、お金を払うことは、自分に対するエール、投票にもなる、という点だ。

何にどれだけ払うのかを選択するという行為には、「自分に対する値付け」という側面がある。たとえばお昼ご飯。３８０円の牛丼か、５００円の弁当か、１４００円のパスタか……。どれもおいしかろうが、選んだものの値段によって変動する精神的な満ち足りがある。「いいのか、こんな贅沢。いや、ここのところずっと忙しかったし、たまには」と迷いながら１４００円のパスタを選んだときにもたらされる、「今日の自分はこの食事をするに値する人間である」という、自尊心、誇り。このとき、「安くはないお金を払った」ということ自体がセルフケアのための見逃せない要素になっている。浪費とは祈りだ。

もちろん同じパスタが５００円で食べられたとしても、おいしさや満腹感による喜びは同じだけある。「得した気分」という喜びもプラスされるかもしれない。ただ、「安くはない」と感じる金額を払って得る経験には、覚悟と乗り越えが伴う。味や品質を比べるのは難しくても値段を比べることは誰でもできるから、お金を払うことにはわかりやすい手応えがある。そして財布の痛みは喜びに、いたわりに、そして自己肯定や自尊感情に転置されることを望んでいる。「今日はちょっと奮発しちゃうぞ」と言うとき、それは自分にエールを送り、自分に投票をし、自分に褒美を与えるときだ。そのとき、安く済ませないこと自体に価値が宿る。

さて、読書だ。これまで何度も書いているように、読書というものは、どこでだってできる。お金をかけずにすることも当然できる。家で、図書館で、公園で、好きなだけ読んでいられる。また、カフェや喫茶店でコーヒーを頼んで、数百円で済ませることだってもちろんできる。その読書を、わざわざ２０００円を払ってすることを、選ぶ。０円、５００円、２０００円。何階層かある選択肢の中の「いいやつ」に手を伸ばす。２０００円という金額が高いのか安いのか、その感覚はもちろん人それぞれだが、少なくともより安価でおこなう手段はいくつもあることは間違いないわけで、それならば、楽しまなかったらバカみたいだ。店へと向かう身体は自然と、喜びの時間を過ごすためのモードへと変容していく。

仕事をがんばったこの夜に、待ちに待った休日に、読みたかったあの本をがっつりと読む。そのとき、「安くは使えない」ということそれ自体が、ただでさえ特別な読書の時間をより特別なものに変える働きを果たす。その時間はより強く祝福されたものになる。

## 雑に使えないようにしてあげる

解けないで済むのならば、魔法は解けないほうがいい。

初めて行ったときは、コーヒーとトーストを頼んで、あとでカフェオレとケーキを追加して、ゆっくりゆっくり満喫した。店を構成するあらゆる要素に感動した店だった。すぐにまた行きたくなって、そしてまた行って……。するとだんだん、オーダーするものが減り、滞在時間は短くなっていった。よりリラックスして過ごせるようにもなったが、比例するように、特別な時間という感覚は否応なく薄れていく。「日常」に寄ってしまえば、店の魔法はどうしたって解けていく。雑な気持ちになっていたつもりはないが、自分への褒美やセルフケアとしての浪費という観点でいえば、それは明らかに弱いものになっていった。

「また行きたい」という強い欲望に歯止めをかけるものがなかったということがその一因だったように思う。「また行くこと」が優先されてしまって、「好きなようにいろいろ頼みながらゆっくりゆっくり過ごすこと」が、デフォルトではなくひとつのオプションになってしまった。雑な（という言い方がきつければ「簡易な」でもいい）使い方を一度してしまうと、贅沢な使い方を選択するためにはより強い意志の力による乗り越えが必要になる。戻れなくなる人もきっといる。

フヅクエは席料の仕組みがあることで、雑に使いづらい。前回は3時間がっつり本を読んだけれど、今日はあまり時間がないから30分だけ過ごそう、という選択をするインセンティブがない。「コーヒー1杯で1600円」というのは一定以上長く滞在するときにこそ真価を発揮するもので、30分のコーヒーブレイクにその金額を払うのは、おそらく多くの人にとってバカみたいなことであるはずだ。そうなると、たとえ「すぐにまた行きたい！」と欲望したところで、無反省に行動に移されてしまう前に検討が挟まれる。時間を確保して、ちゃんと行くことが選択される。「雑に使うフヅクエ」の味を知らずに済む（短時間の滞在であっても、払う金額等に不満が生じず、大事な時間として体験されるのであれば、その利用をされることに抵抗はないが。初めての方だった場合は不安は覚えるが）。

「ハードルが高いのが弱点。もっと頻繁に行きたいがまとまった時間が取れるときばかりではない」というような意見をいただくこともあるが、だから、これはむしろ強みで、使い方に余計な迷いを持ち込めない。「行く以上はいい時間を」という意識が、自分が過ごす時間それ自体に払う敬意を持続させることにもなる。その一度一度が大事にされた時間という体験の積み重ねは、魔法が解けるのを先延ばしにするはずだ。

デイリーユースしてもらおうなんていうことは考えてもいない。週一、月一、あるいは年に一度の、自分に許した特別な時間として経験されたい。

## 使い倒せないようにしてあげる

『ゆっくり、いそげ　カフェからはじめる人を手段化しない経済』（大和書房）は西国分寺にあるクルミドコーヒーの店主・影山知明さんの本で（どうして著者がお店の人だと「さん」とか「氏」とかを付けたくなるのだろう）、客と店とが利用し合う関係性（Take/Taken）ではなく支援し合う関係性（Give/Given）としての「交換」の持つ豊かさが、クルミドコーヒーで実践してきたたくさんの事例を通して語られている。

　贈り贈られることを連鎖させていく「受贈者的な人格」というのがキーワードのひとつとして提示されているが、この反対にあるのが「消費者的な人格」と言われるものだ。この人格のスイッチを押してしまうことになるから、ポイントカードや割引サービスの類いはやらないそうだ。「消費者的な人格」とはより少ないコストでより多くのものを手に入れようとする人格で、その現れは「合わせ鏡のようにお店の姿勢にも影響を与える。そっちがその気なら、こっちもこっちだ、と」。つまり、「お客さんとお店とが、それぞれに自己の利得を最大化させるべく行動選択する交換メカニズムが働く」(前掲書)。

フヅクエも、この事態をできるかぎり避けようとしている。特に恐れているのが、僕のうちに出現する「そっちがその気なら、こっちもこっち、だ」の心境で、健やかな気持ちで店に立てなくなったらおしまいだ。それをはっきりと感じたのが、支払い金額をお客さんにお任せしていた最初期に、何時間か過ごした方が支払った金額が２２０円だったときだった。その仕組みである以上は甘んじて受け入れるしかないのだが、４枚の硬貨を見たときに生じた「はあ!?ドトールかよ!?」という気持ちは強烈で、こうなるともうお客さんが怖くなっていく。疑心暗鬼になっていく。気持ちは荒む。行き着くところは店の荒みだろう。誰も幸せにならない。

それからの試行錯誤の末に現在の形になっているわけだが、今は本当にヘルシーだ。「掠め取られた」というような意識がどこにも生じないからこそ、店を大事に思ってくれている人たちに、より多く贈り返したくなる。お客さんひとりひとりの豊かな読書の時間を、より全身全霊で守りたくなる。

それはこちら側の話だが、お客さんの立場になっても、「消費者的な人格」のスイッチを押されないで済むことは、豊かな時間を過ごすためには大事だ。「できるだけ少ないコストで、できるだけ多くのものを手に入れようとする」。フヅクエでいえば、「できるだけ少ないコストで、できるだけ多くの時間を手に入れようとする」。仕組み上、2000円前後がいずれにしても発生する。その仕組みは平均滞在時間の2時間半を根拠として設計されている。附則として、4時間超の滞在の場合、時間に応じて席料が足される。もしこの附則がなかった場合、ものすごく長くいようとしたとき、そのお客さんのうちに何が生じるか。

席料が0円になるところまでのオーダーは済ませた(ドリンク2杯とケーキ、とか)。4時間、5時間、と経っていく。本音を言えばもう1杯飲みたくなってきたけれど、それはやめておこう。これ以上は払わずに済むのならば、それに越したことはない……。

そんなマインドで過ごすたとえば6時間というのは、はたしてどれだけ豊かで贅沢なものになるだろうか。自分をいたわるための褒美の時間として過ごしに来たはずなのに、「我慢をする自分」という姿が浮かび上がってはこないだろうか。さらにその途中で、仮に満席になって、入れない人が出てきているのを認識していたとしたらどうか。後ろめたさや気後れみたいなものが生じてくるのではないか。他の人たちが2~3時間で切り替わっていくのを横目に、5時間、6時間と滞在している自分……両者が支払う金額は変わらない……そこにはなにか、フェアではない、より多くのものを手に入れようとしている客、お得に使っている客、そんな自己認識が近寄ってくるのではないか。「使い倒すこと」は「楽しみ尽くすこと」とはまったく違う感覚をもたらす。誇りや自尊感情からはどんどん遠ざかってしまう。

この附則はもともと、パソコンの使用が解放されていた時代に加えた項目だった。パソコン作業者の滞在時間が、本を読む人たちよりも長くなりがちだった。朝まで平気でスプレッドシートやInDesignをいじっている我が身を省みてもよくわかるが、パソコンは時間を溶かす。そして、この静かで落ち着いた環境で仕事ができるならば2000円は惜しくないし、一日中いればコスパも悪くない、そんな「使い倒し」の感覚が人によっては生じうることに気づいた。こんなデータもあった。4~5時間の滞在よりも、5時間以上滞在する人の平均単価が低くなっていた。つまり、超長時間の滞在になると、贅沢な時間という性質は減って、居座ってガチガチに何かをやる時間になっていると推測できた。それはフヅクエが見たい光景ではなかった。そっちがその気なら、こっちはこっち、だ。決して使い倒させまい。

それがこの附則追加の背景だったから、僕自身、この仕組みは使い倒しを抑止するためのものだと長らく思っていたのだが、増えていく席料にも動じずに本を読んで過ごしていく人たちを見ているうちに、どうも本質はそこではないということがわかっていった。お客さんはある種の「フリーライド」の可能性をあらかじめ奪われる。どこまで行っても「お得」になる点が決してやって来ない。これ自体が価値だった。どれだけ長くいようと後ろめたさや気後れが生じないことが、彼らの時間の豊かさを守っていた。

なお、これまでの最長滞在時間は11時間だ。長く通い続けてくださった方が関西への転勤を前に、ラストフヅクエとして営業時間のほぼすべてを過ごしていかれた。８０００円くらいになっただろうか。フェス最終日の明け方みたいな、さみしさと充実の入り混じった顔をしていた。完全に踊りきった人の顔。それは贈り贈られた人の顔だった。見送る僕もまた、きっといい顔をしていたはずだ。

存分に楽しみきりたい人だけがエンパワーされ続けること。それが、使い倒せない仕様によって実現されている。

と、ここでおしまいにできたらかっこいいのだが、最後にこの仕組みに疑義を呈する必要がある。現状の料金体系だと、４時間以上滞在する場合には1時間刻みで値段が上がっていくことになる。先に「1時間おきに訪れる課金タイミングは、「ここで切り上げたほうが安くつく」という、帰るきっかけとしても作用する」と一蹴した「1時間ごとにワンオーダー制」に限りなく近づく。これをよしとしている根拠は？

ここでスパッと切り返せたら一番なのだが、「そこはね〜、あれなんですよ」と、言い訳めいた笑顔を浮かべることになる。完璧だとは言えない。ただ、4時間超の滞在というのは、その対象となる人は全体の15%ほどであることと、見通しを与える大まかな金額感を提示していることから、「そのへんはご寛恕といいますか、まあ、細かいことは脇に置いてね、存分に楽しんでいってくださいな！」というあたりを落としどころにしている。解決策として「6時間パック」みたいなものも浮かぶが、露骨にネットカフェのようになってしまうし、難しいところではある。この部分はいつか形を変えるかもしれない。

## そしてグルーヴが生まれる

そこはドリンクが1000円前後するカフェで、僕にとっては「なんでもないとき」にはとても行けない店だった。あぶく銭が入っていい機会だったので、ゆっくりじっくり贅沢な読書時間を楽しもうと、行ってみた。あたりにいるのは、話に花を咲かせる優雅なマダムたち、パソコンを開く人、僕と同じように本を開いている人、パソコンを開く人、パソコン＆打ち合わせをしている人、手帳に何かを書きつけている人、パソコン＆電話者、パソコン、パソ子。あれ、なんだこれ？　仕事している人、ずいぶん多くない……!?　それに電話とか打ち合わせとか、オフィス的な使い方をしている……!?　いったいどんな富豪たちなのだろうと思ったが、ピンときた。「会員」だ……。

　この店では月額５０００円から加入できるサブスクリプションサービスをやっていて、５０００円の場合、一度の来店につきドリンク２０００円までが注文でき、さらに同伴者にも適用できるという内容だった。これが罠だった。

　仮に平日毎日行くとすると月20回だから、来店一度あたりにかかるお金は２５０円になる。スタバよりももっと安い感覚、ドトールと並ぶような感覚で、優雅なカフェに入り浸れる（というか、日々原稿を書きに通っている現在の僕はドトールに月1万円くらいは払っている気がする……）。さらに、２０００円の枠をフルに使うことにして毎回2杯を頼んだとしたら、非会員が１０００円ほどで飲んでいるドリンクが１杯あたり１２５円……。激安だ……。

このとき、たくさんのひずみが生まれている。僕はこの店で「自分に許した特別な時間」を過ごそうとしていた。一方で店内には、「スタバと比べ、実質的により安く、より快適な環境で、仕事をガシガシするために使える店」としてしか認識していないように見える人がいくらでもいた。電話や打ち合わせをしている人たちの様子を見ていると、シェアオフィスとでも思っていそうだった。自分の周囲に、この時間を大切に過ごしたいと思っている人がいるなんて、想像したこともなさそうだった。そんな状況で、贅沢な気分を保つことは困難だ。それにそもそも、僕が「奮発！」と身震いしながら頼んだ１０００円の自家製シロップのジンジャーエールを、彼らは１２５円で飲んでいるのかもしれないわけで、そんな値段でも出せる飲み物なのか……？　１０００円とはいったいなんの値段なんだ……？

リッチとプアが混在する。奮発したい僕、安く使えちゃう君。大事な時間として過ごしたい僕、自分のオフィスだと思っている君。めったなことじゃ来られない僕、ひたすら使い倒す君……。リッチな気分はプアな気分によってかき乱されて、なんだかわけのわからないものになっていく……。

この仕組みの問題はすでに表出していたようで、サブスクリプションの案内チラシにも「気持ちよい使い方をしてください。スタッフが疲れたり傷ついたりもしています」というような文言があったし、その後、ほどなくしてそのサービスは終了したらしかった。部外者ながら、終わって正解だと思った。本来はこの店のビッグファンにこそ向けたかったサービスが、この店を愛し、その存続や繁栄を望む人にとっても使いにくいものになっていたはずだ。なぜなら、あまりにも簡単に元が取れてしまうから。いったいどれだけの頻度で行使していいのか、躊躇が生じる。安い客になってしまいたいわけではない。迷いながらしか使えない。一方で、情報を嗅ぎつけてコスパを計算して、これは使える、と思った人にとってはたいへん便利だった。遠慮なく使うだけだ。つまり、「受贈者的な人格」を迷わせ悩ませ、「消費者的な人格」を活性化するような本末転倒なサービスになってしまっていたはずだ。制度が、店と客あるいは客と客の、それぞれの思惑のせめぎ合いになってしまったらその時点で失敗だ。

　結果的にこの仕組みがつくってしまったのは、要するに「贅沢な気分で過ごしたい人」と「雑に使いたい人」両方が来店する状況だった。この店の場合はドリンクが1000円前後と、もともとがカフェとしては高価な部類だったから「贅沢」と「雑」のギャップが際立って見えただけであって、両方を招き入れるということ自体は何も特別なことではない。多かれ少なかれたいていの店はそうなっているはずだ。多様なことはけっこうなことだ。しかし、それをもし「本の読める店」でやってしまうとするとどうなるか。先の店と同じように、本当に大事にしたいはずのお客さんの体験の質を、いやおうなく低下させることになるはずだ。

仮に、席料制が撤廃され、しかしなんらかの方法で静けさや気兼ねのなさが担保され、読書に最適な環境は守られているとする。この場合、これまでと変わらず、本をがっつり読みたい人は来てくれるだろう。安く使えてしまう以上、贅沢な気分を確保することは難しくはなっているが、自分ひとりの問題であれば、意思の力でどうにかできるかもしれない。しかしあいにく、その場には、ともに過ごす他者がいる。安く使えてしまうことは、雑な使い方をする人の流入を促す。フヅクエの場合ではまず「長居」がお題目に成り下がるはずだ。さくっと使ったところで何も損をしないからだ。そうなれば、読書なんてどうだっていい人たちも躊躇なく敷居をまたいでくるだろう（写真を撮ってインスタグラムにアップしたいだけの人とか、犬猫がマーキングするように口コミサイトにレビューを書いて回ることが生き甲斐の人とか）。本を読む人の割合は減り、景色も空気も間違いなく変わる。本を読みに来た人は、読書をする気配もなくくるくると入れ替わる人たちの存在に、白けた寒々しい気持ちになるだろう。「本の読める店」といってもこんなものなのね。静かだからいいけど、結局こんなものなのね。

「読書以外の過ごし方はご遠慮ください」が一応の解決策にはなるかもしれない。しかしこれは課してはいけない制約だと考えている。案内書きにも「読書以外の過ごし方」の項目を設けているが、これはむしろ読書をしに来た人にこそ向けているところがある。どれだけし続けたいと思っていても、疲れたり飽きたりしてちょこちょこと休憩の時間を挟む必要があるのが読書というものだ（集中力のもたない僕固有の問題かもしれないが）。スマホを眺めたりノートを出して何かを書きつけたりといった、読書の時間に緩衝材を当てる行為がいちいち禁止事項に抵触するかもしれないとしたら窮屈だ。本を読む人たちがよりのびのびと過ごせるようにするためにこそ、読書以外の過ごし方が案内されている。

ともあれ、席料制が設けられていることの最大の効果は、選択の余地を限りなく小さくするということだった。安く使う余地、短時間で済ませる余地、使い倒す余地、それらをあらかじめ取り除くことで、「フヅクエに行く」という行為に、「大事に丁寧に楽しみに行く」が常に伴うよう設計されていた。そしてこれは、個々の体験の質を担保することだけではなく、その場全体の高まりを生み出すことをも助けている。「そういう人ばかりがいる」という高まり。

自分と同じように、他のすべての人も同じ条件下で過ごしている。どの人もまた、ある種のハードルを乗り越えてここで過ごすことを選択した人たちだ。ここで過ごす時間に期待を抱き、存分に楽しむ心づもりを持ってやって来て、豊かな心地になって帰っていこうとしている人たちだ。すべての人がそうであるとたしかに感じられるとき、そう感じた人のうちには、言いようのない心強さが現れるはずだ。その心強さはまた、外に漏れ出て、空気の中に流れ込む。そして結託、共犯意識、連帯感、親密さ、それらが絡み合い、太く強靭なグルーヴを生むのではないか。

　これは均質性がもたらす静かな熱狂だ。多様性を排したうえで生じる熱狂なんて危険だろうか。野蛮だろうか。同じことを映画館にも言ってくれ。野球場にも、劇場にも言ってくれ。どんな遊びにも、熱狂のための場所が用意されていていいはずだ。

　両手のひらを天に向け、背を丸め、こうべを垂れる。
ほとんど祈りのような姿勢のままじっと身じろぎもせず、ひとり静かに本を読んでいる、そんな美しい人たちの集まりによって生み出される静かな熱狂。それこそが「本の読める店」が見せてくれた読書の公共圏の姿だ。

# 第3部
# 「読書の居場所」を増やす

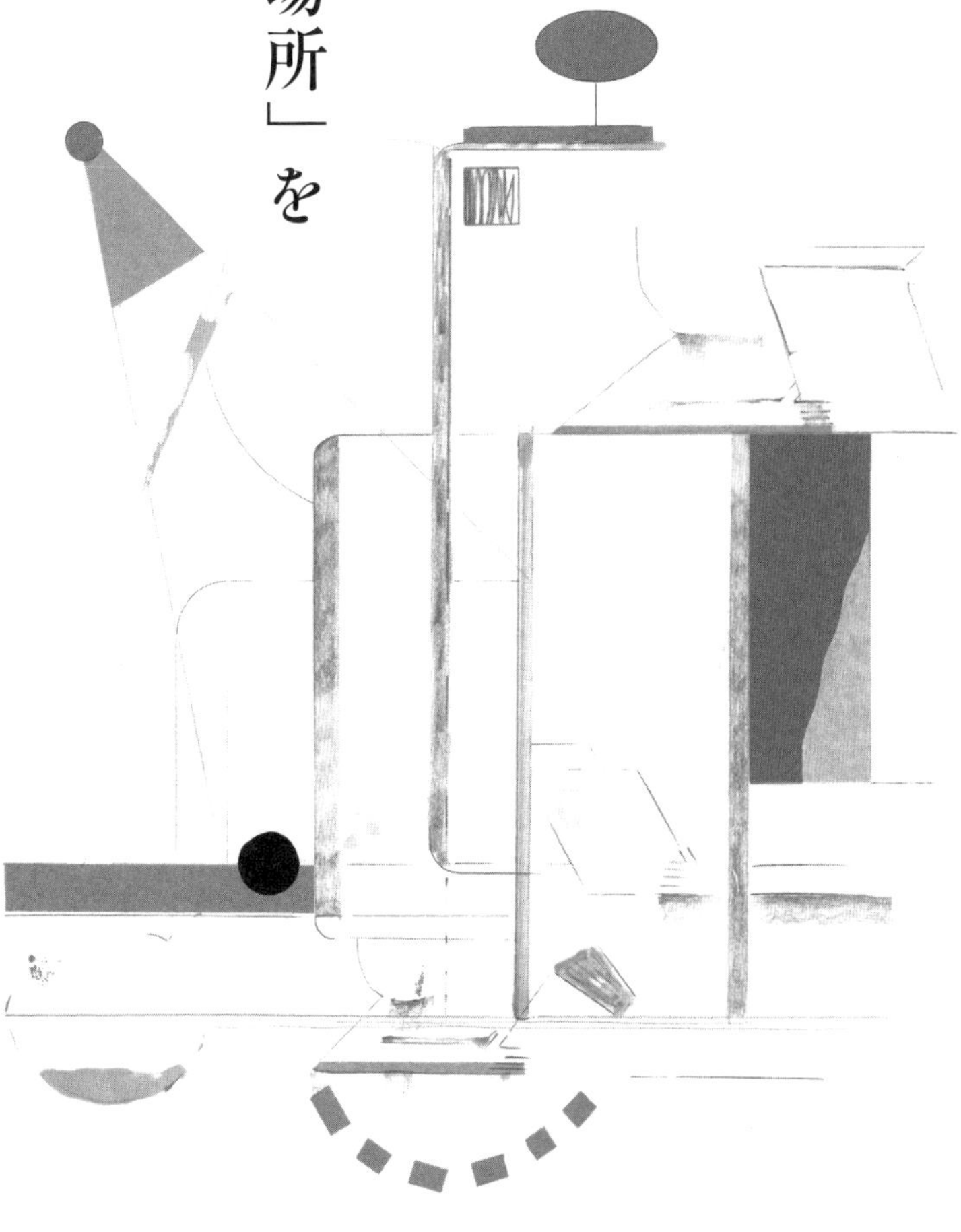

第10章

# 見たい世界をきちんと夢見る

メールマガジン「読書日記／フヅクエラジオ」を２０１９年1月に始めた。月８００円をいただいている。「読書日記」は２０１６年10月から毎日書いている日記で、『読書の日記』シリーズとしてこれまで2冊の書籍になっている（ともにＮＵＭＡＢＯＯＫＳ）。「フヅクエラジオ」は購読者の方からのおたよりを紹介したり質問に答えたり、店のスタッフたちがミニコラムを書いたりするテキスト形式のラジオだ。この２本立てで、２〜３万字ほどのボリューム。毎週土曜日に配信している。

自分にとってライフワークとなりつつある「日記の執筆」を通じてお金を得たいということが事の始まりだったが、長期的なクラウドファンディングのような性質も持たせていて、「購読者数が１０００人になったら（あるいはそれに足るだけの金額が集まったら）次の店舗をつくっていきます」と謳っている。津々浦々、約30都道府県の読者から購読いただいている。まだまだ遠いが、増えたり減ったりするのを見ながら「１０００人になるといいなあ」と思って日々いっしょうけんめい揉み手をしている。

もともとフヅクエは、僕個人のプロジェクトでしかなかった。「読書好きの聖地になる」という曖昧な野望を掲げてはいたが、これとて、「まあニッチな店だし、ブルーオーシャン感のある領域だし、読書の店として突き詰めていければ、そういうポジションが狙えるんじゃないかな。もしそうなれば、僕の暮らしくらいはきっと成立するだろう。目指せ生存」というのが正直なところだった。なによりも僕が、本を読んでいる人たちのために仕事をしたかった。僕が、本を読んでいる人たちが寄り集まった光景を見たかった。視点はどこまでも僕だった。

そして実際、じっくりと腰を据えて本を読んでいる人々だけで構成された光景は、ときに、「今のフヅクエは日本で一番いい店なのでは？」と思いたくなるほどに美しいものだった。僕が見たかった光景は、思い描いていた以上に美しいものだった。またそれは、僕だけが感じているのではなく、この場所で過ごした人たちも感じてくれていることのようだった。「こんな店が近くにあったらいいのにな」という声をしきりに聞くようにもなっていった。そんな言葉に触れているうちに、「より多くの本を読む人たちに、この体験を提供したい。彼らが喜びと誇りを持って本を読めるような場所をもっと提供したい。「本の読める店」が初台だけに留まることに合理的な理由は見いだせない」と思うようになっていった。

いま僕は、フヅクエがたくさんある世界を夢想している。フヅクエが、映画館くらい、各都市にあるような世界を夢想している。それぞれの町に、楽しみにしていたあの一冊を思う存分読む時間を過ごしたいと欲望する人たちはいる。全国の読書好きの人たちのもっと近くに、そのために用意された場所がある世界。

第1部の最後でも触れたが、ここでもまた、文化のことを考えている。読書という文化。その盛り上がりや広がりを考えたときに、フヅクエが果たせる役割があるのではないか。

文化というのは考えてみれば、結局は個別の具体的な経験の蓄積でしかない。知る。触れる。楽しむ。また触れる。また楽しむ。

行為の経験を代表して担う大きな主体が存在するわけでは当然なく、個々の、具体的な経験がそれぞれの場所で繰り返され、それが何かを媒介にして人に伝わり、それがやはり個々に、具体的に経験され、また繰り返される、その結果が文化と呼ばれるものになるはずだ。そしてその個々の経験は、いい気分のものとして経験できる機会があればなおいい。挫かれずに成就される機会があればなおいい。そのためにも、「そのことに専念できる場所」があるといい。いろいろな町にあるといい。「本の読める店」をはじめとする「読書の居場所」が、津々浦々にあるといい。

第３部ではそんな世界の到来を夢見て、「こんな動きが出てきたら楽しいなあ」ということを書いていく。

これまで不当に等閑視されてきた「読む」に正しい居場所を与え返そう。「読む」の逆襲を始めよう。

## フヅクエ○○

２０２０年４月にフヅクエ下北沢が開店した。「フヅクエを増やしたいんですよね」と公言し始めた時期に、ひょんなことから声がかかり、やることにした。開店資金は政策金融公庫から借り入れをした。

直営店を増やしていくためには、同じように借り入れをするか、先ほど述べたメールマガジン資金が貯まり次第ということになるだろう。これはこれで順次つくっていけたらと思うが、すべてを自力で賄《まかな》わないといけないということもない。「自分もフヅクエをやりたい」という声を聞くことがしばしばある。自分の町にもフヅクエをつくりたい、と。今は「ぜひ！」くらいしか言えることがないのだが、全国のそんな人たちが、「本の読める店 フヅクエ ○○」と名乗って店をつくっていくことを手伝えるようにしていきたい。フランチャイズ、暖簾《のれん》分け、言い方はいろいろあるだろうし、クリアすべき問題がどんなことなのかも全然わかっていないが、京都の「ホホホ座」のような、ゆるやかな連帯によって全国に広がっていくやり方もあるだろう（詳しくは山下賢二・松本伸哉著『ホホホ座の反省文』をお読みください）。

## 本の読める店 presented by ○○

フヅクエ下北沢は、下北沢駅と世田谷代田駅の中間、小田急線線路跡地に新たにできた商業施設「BONUS TRACK」の一角にあって、同施設内には「本屋B&B」と「日記屋 月日」もある。歩いてそれぞれ10秒と2秒の距離だ。「書店のすぐそばの「本の読める店」」はやってみたかった試みで、本を買ったときのホクホクとした気持ちのまま、至近に読むための場所があるというのは、読書を楽しむ一日を過ごすのにうってつけで、とてもいい。

もしこれが僕の思うようなものになったら、「書店の近くに構える」というのは、今後の店舗展開において有力な選択肢になるだろう。でもそれは、僕ではなく、書店自身がやるのもいいのではないか。「本の読める店 presented by 丸善ジュンク堂書店」とか。ショップインショップでもすぐ近くの物件でやるのでも、どちらもいいだろう。「ここでたくさん本を買って、あそこにこもって読む」という経験はきっと豊かだ。本をめぐるより充実した経験をさせてくれる書店を、読書好きの人はより愛するだろう。自分の味方の場所だ、という思いをより強くするだろう。ブランド強化にも最適ではないだろうか。

書店に限らず、出版社の取り組みとしてもいいものになるはずだ（新潮社さん、出番ですよ！）。「本の読める店 presented by 新潮社」。新旧の新潮社の本に囲まれた空間で、読書の時間を満喫する。新潮社の本に触れて育ってきた身としては、たまらない体験だ。みんな新潮社の大ファンになるに違いない。もちろん出版取次や印刷会社がやるのだって自然だし、ファッションブランドや不動産会社や飲食料品メーカーなんかがやってもなんらおかしくないだろう。

おしゃれなカフェをつくるだけじゃ全然面白くない。ここはひとつ、ガチンコでいこう。

## 会話のない読書会@○○

「会話のない読書会」は毎月10・20・30日の夜に開催している読書会で、これは「課題の本を読んできた者同士が集って、感想や学び・気づきを発表し共有する、理解を深め合う」という、おそらく多くがそういうものであるような読書会とは異なり、「同じ本を同じ場所で同じ時間を共有して見知らぬ人たちと一緒に読む。それだけ」というものだ。同じ本を読みたい人たちが集まって、時と場を同じくして、他人同士のまま、読む。

従来の読書会についてまわるいくつかのプレッシャー（「当日までに読まねば」「なにかコメントできそうな箇所を見つけねば」「気の利いた感想を言わねば」……）から解放された、もっと気楽に参加できる読書会があったら自分も参加するのにな、と考えているときに思いついた。

この読書会は、従来の読書会よりは、むしろ映画館で映画を観ることと近い、ユニークな読書体験を提供していると思う。一方で映画館と異なるのは、映画は同じスクリーンを眺めて同じ場面を見続けることになるのに対し、この読書会の場合は、それぞれの視線が向けられるのはそれぞれの持つ本のページになる点だ。寄り集まった10人なら10人が、10冊のディスプレイから同じひとつの書物の世界の中に入り込み、そしてその世界をそれぞれの流儀で探索していることになる。読むスピードはそれぞれ違う以上、読んでいる場面はそれぞれ異なるはずだし、同じ箇所を読んでいたとしても、10人それぞれにとってその世界がどう見えているのか、脳裏に浮かべている光景もそれぞれまったく違うはずだ。登場人物の顔は各人各様だろうし、声や、しゃべり方、体の動き、風景の見え方、全部がきっと違う。

これは、共有のありようとしてはかなりいびつで、「同じ時間」と「同じ本の世界」というふたつのレイヤーを共有しているように見えながら、ふたつめの「同じ本の世界」のレイヤーにある、折り重なりながらも宿命的にズレを孕むその状態をはっきり直視しようとすると、めまいを覚えるような幻惑感がある。ときおりそんなふうに「居合わせた他者が見ている同じ／別の世界」を意識しながら、本の世界にどっぷりはまり込み、あるときふいにまた少しそれを意識し、また戻り……。そうやって進められる読書の時間の集合は、「ともにある」の感覚をより複雑なものにし、より楽しいものにし、普段は味わうことのないような、なにかコズミックなグルーヴとでも呼びたくなるものを場に生起させはしないだろうか、と思いながらやっている。

ごく稀にだがゲストをお招きすることもあり、『やがて忘れる過程の途中（アイオワ日記）』

(NUMABOOKS)のときは著者の滝口悠生さんが来られ、給仕をしていただいた。今まさに読んでいる本の著者に注文し、その著書から飲食物を提供される体験。『雲』(東京創元社)のときは翻訳者の柴田元幸さんに、開演前の時間を使って朗読をしていただいた。本編だけでなく、著者のエリック・マコーマックさんからのまるで掌編小説のような「会話のない読書会参加者へのお手紙」まで読み上げていただき、身震いがした。また、手前味噌だが『読書の日記』とその続刊『読書の日記　本づくり／スープとパン／重力の虹』でも開催し、これは「フヅクエの人がフヅクエの日々を書いた本をフヅクエの人の給仕を受けながらフヅクエで読む」という、やはりへんてこな体験になったはずだ。

この読書会が、いろいろな場所で、やりたい人によっておこなわれていくのもまた、読書の居場所を増やしていくことになると思う。四人くらいが集まってカフェでそういう時間を設けるだけでもそうなるし、どこかの店が一晩限りのイベントとしておこなうのも面白いだろう。著者や出版社が主催するのも、刊行記念イベントのひとつの形としてふさわしいものだと思う。

## 週末間借りフヅクエ

カレーやコーヒーの分野ではしばしば見かける「間借り営業」もどうだろうか。自力で店を構えるのはハードルが高いが、既存の店を借りてであれば実現しやすい。

フヅクエの店舗が増えることを夢想するときに毎回浮かぶのが、オーセンティックなバーのような形態でのフヅクエだ。手元以外は暗い、重厚な雰囲気の店内、一枚板のカウンターで、ずらっと横一列にお客さんが座って、ちびちびとお酒を飲みながらみな静かに本を読む、というそういう光景。バーやスナックは基本的に夜の場所だから、「昼間は人に貸す」ということを前向きに捉える店は比較的見つけやすいかもしれない。また、営業時間が夕方までのカフェや喫茶店の閉店後を借りて、というのもありそうだ。副業として、あるいは独立前の一手としての間借りフヅクエ、いかがだろうか。

## 町の本屋／フヅクエブッククラブ

変形バージョンだが、子どものための読書の居場所もあるといい。でも、どこで売上をつくるのか。親の財布に依存してしまうと、読書の優先順位が高い人の子どもしか入れなくなる。そうではなくて、学校帰りの子どもが誰でもふらっと立ち寄れる場所であるといい。「町の本屋」に併設させる形はどうか。

僕自身の読書遍歴を考えたとき、町の本屋の存在はとても重要だった。月に一度、好きな本を買っていいよと言われて行く本屋で、買うのは『ドカベン プロ野球編』や『名探偵コナン』で、漫画以外にはほとんど目もくれなかったが（あとはゲームの攻略本）、本に囲まれる静かな喜びのようなものは、きっとあそこで醸成された。もしかしたら「好きな本を買っていい」という自由の感覚が本屋という空間に無意識にスライドされていき、「本＝自由」という構図ができていったのかもしれない。とにかく、のちに読書好きになった子どもにとって、あの店は重要だった。そしてあそこが、なんの工夫もないように見える書店だったのも重要な点である気がする。取次から見計らいで配本された雑誌やコミックや文庫本が、なんの意思もなく並べられているような店。とりたてて本が好きではない人でも気後れせずに入れることに意義はたぶんある。そんないわゆる昔ながらの「町の本屋」は、減少の一途をたどっているだろう。フヅクエの近所にあった本屋さんも何年か前に閉店し、居酒屋になった。その流れは仕方のないことかもしれないが、でも、町にもう一度、あんな場所を取り戻せないか。幸い本はなにかしらありがたいものだとみなされているから、自治体をそそのかして半官半民のような形でできたりしないか。あるいはやはり企業をそそのかして。

それで、その本屋の一角が子どものためのフヅクエブッククラブになる。畳なのか椅子なのか、だらだらと読めるスペースがあって、その場でお小遣いで買った『コロコロコミック』や図書室から借りてきた偉人の伝記漫画を読む。読書手帳が交付されて、そこには「今日読んだ本、読みたいなと思った本を記録してみよう」「いいなと思ったところ、びっくりしたなと思ったところを書き写してみよう」という、強いられて書くような読書感想文ではない形の、気軽で愉快な読書のアウトプットができる（ちなみにこれは僕の「読書日記」メソッドだ）。その体験を繰り返していくなかで、読書を楽しい遊びだと思う子どもが増えていったら、読書文化の裾野が広がっていいのではないか（もちろん子どもの成長のためとかではなく）。

# 立ち飲みフヅクエ

これは「読む時間」に特化しているわけでもないし、ただ自分がこういう場がほしいと思いついたから書くというだけで、半ば無関係だが。

読書好きの人とお酒を飲んでいるときに、本の話題になることはままある。そういうとき、目の前にその本がある場所でお酒を飲めたら、楽しいだろうなと思う。手元にその本がないときは、Amazonを開いて検索するなり、けっこうな確率でそのまま買ってしまう（お酒は怖い）。早い時間にお酒を飲んで、ほろ酔いで書店に流れて本を眺める遊びも楽しいだろうし、ビールを出している書店に入って、お酒片手に回遊しながらああだこうだと話をするのも愉快だろう。それはそれでやりたいとして、でも書店はやはりある程度は静かな場所だ。もっとただの酔っ払いのテンションで人と本とかかわってみたい。

というところで、立ち飲み屋だ。たくさんの本棚に囲まれた立ち飲み屋。本の並びは、タイトルの五十音順にする。「そういえばこういう本を最近読んだんだけど」という話になったら、そのタイトルのあたりに移動する。五十音順なので小説の横がビジネス書だったりもして（棚自体が酔っ払っているみたいだ）、いろいろな話題が引っ張り出される効果もありそう。きっとお酒が入ってテンションが高い状態では、どんどん本を買ってしまうだろう。これもある種の楽しい読書体験になるように思う。なお、飲み物や食べ物で汚損させてしまった場合は購入することとする。

## #自宅フヅクエ

2020年3月末に始めた取り組みが「#自宅フヅクエ」だ。参加者は読書の時間の始まりや途中に、ツイッター上でこのハッシュタグを添えて「今日はこれを読みます」「今はこんなものを読んでいます」というような投稿をおこなう。ただそれだけだ。

開催時間は便宜的に12時から22時までとし、毎日開催している。日々たくさんの人が、読む本や、その時間のおともにする飲み物やお菓子やつまみの写真を一緒にアップしてくれている。

先立って「フヅクエ」の再定義がおこなわれていたことが、この取り組みを始めるにあたっての障壁を取り除くことに一役買っていた。そのときまでの長いあいだ、「フヅクエ」というのは場の名前だとばかり僕は考えていたが、これまでにやってきたことを煎じ詰めてみると、それは、「ただでさえ楽しい読書をもっと楽しくするための活動全般」だということがわかった。「会話のない読書会」も「読書日記」もそうだし、ウェブサイト上でのいくつかの活動もそうだった。たとえば「今月の福利厚生本」という、毎月1冊スタッフからリクエストがあった本を買って渡しながら、その本を読みたくなった理由であるとかを聞いてその会話を文字起こしする企画。それから僕が最近買ったり読んだりしている本を、どの書店でどんなふうに買ったか、どんな場所でどんな状況や気分で読んでいたかの文章を添えてアップする「最近買った本・読んでる本」。また既出だが、ひとの読書生活・読書史について話を聞くインタビュー企画「ひとの読書」。これらに通底するのは、読書感想文や書評という形を取らずとも、「本をめぐる時間」についてのおしゃべりや文章それ自体に、「読書は楽しい」を発信する力を十分に持たせることができるのではないか、という考えだ。

　また、友人の音楽家nensowによる1時間1曲のアンビエント・ドローン作品『music for fuzkue』のリリースや、フヅクエの選曲による10時間以上におよぶSpotifyのプレイリストの公開など、「本の読める音」と銘打って読書の時間を彩る音楽を提供することも、フヅクエの活動になった。

その中で「本の読める店 フヅクエ」というのは、もちろん活動の最大の中心だが、それでも、「フヅクエ」のひとつの表現の形、という位置付けが妥当だと思うようになった。「「本の読める店 フヅクエ」は「フヅクエ」の実店舗」というところだ。

そんな考えに至ってすぐの時期に、感染症の世界的流行がやって来た。国や自治体から外出を控えるよう要求された市民は長い時間、家の中にいることになった。店舗をはじめとする商業施設もまた、休業や短縮営業を余儀なくされた。フヅクエももちろん例外ではなく、しばらくのあいだ閉めていた。そんな状況下でフヅクエにできることはなんだろうかと考えて思いついたのが「#自宅フヅクエ」で、家の中での読書の時間を（ほんの少しかもしれないが）イベント化することで、その読書がより楽しく充実したものになることに寄与できないか、というところだった。

参加しようとハッシュタグを覗くと、タイムライン上に次々と「それぞれの読書の時間」が共有されていくのを目の当たりにする。それは「世界にはたった今も、自分と同じように読書を楽しんでいる人がいる」という事実を受け取ることでもある。たしかに存在する他者の気配を感じることで生じる「ともにある」の感覚、静かで穏やかな連帯。それはまさに「本の読める店」が店舗空間内で実現してきたことだった。バーチャルな読書の公共圏とでも呼べそうなものが、ここで生まれている感覚がある。

今は、その体験をもう少しリッチなものにするために、参加すると地図上の任意の点にやわらかな明かりが灯るようなサービスをつくろうとしているところだ。「今もどこかで誰かが本を読んでいる」ということを、世界中に点在する読書の灯火によってさらに可視化させる企てだ。

ところで自宅での読書をより豊かなものにするための手伝いをすることは、「本の読める店」にとって場の価値を弱めるおこないだろうか。「行かずとも十分だ」と思わせてしまう危うさがあるだろうか。むしろ「#自宅フヅクエ」に参加することによって、少しだけイベント化した読書のよさ、ひとりきりでするものだとばかり思っていた読書を「ともにある」時間として過ごすことのよさ、それを知ってしまった人が増えれば増えるだけ、「そのことに専念できる場所」を、これまで以上のビビッドさで欲望する人が増えるのではないか。

今回の世界的な自宅生活を経て人は、「場所」がいかにリッチなものだったかを知った。レストランが提供している価値は料理だけではなかった。それだけであれば、テイクアウトの味気ない容器で食べるのでも同じ満足を得られるはずだが、全然そうではなかった。他のテーブルの話し声や気配やキッチンから聞こえる調理の音や漂う香りや、座席から見える景色、そういう全体がレストランの体験だった。トークイベントが提供している価値は話される内容だけでは全然なかった。ただオンライン配信にすれば代替できるというわけではなかった。やはり居合わせた人たちの存在、今たしかに目の前に憧れの作家がいるという事態、そういう全体が体験だった。また、書店の価値は、映画館の価値は、等々、あらゆる分野で、場所の価値は再確認された。

人は必ずリッチな体験を求めてしまう。「#自宅フヅクエ」によって、「読書をもっと楽しく、もっとリッチに」の輪が大きくなり、広がるならば、「本の読める店」に対するより具体的な欲望を持つ人を日本各地に生み出すことになるはずだ。

## 「本の読める店」のスターバックスになりたい

１９７１年にシアトルで開業したスターバックスコーヒーが日本上陸を果たしたのが１９

96年。最初の店舗は「銀座松屋通り店」で、2020年3月末時点で店舗数は1553にまで増えている。世界中で一日あたりいったい何人がスターバックスのコーヒーを買うのか見当もつかないが、数字はどこかにある（本社とか）。

一方で、本社にも出しようのない数字もあって、僕が考えたいのはこちらのほうだ。僕にもコーヒースタンドを営んでいる友人がいるし、気に入ってよく行くコーヒーショップもいくつかある。僕はどこかで、「それらの店はスタバがつくった」と考えているふしがある。スタバが広がっていったことで、エスプレッソドリンクのおいしさやサードプレイスと呼ばれる場所の大切さといったことが浸透していき、たくさんのフォロワーが生まれた。そして同時に、アンチとまでは言わないが、「もっとおいしくできるのではないか」「もっと心地よい場所をつくれるのではないか」と、アップデートを志すプレイヤーも無数に生まれていったはずだ。その結果が、現在のコーヒー文化の隆盛ではないか。どの町に行ってもおいしいコーヒーを飲めて大変ありがたい。

「本の読める店」のスターバックスになりたいというずいぶん大きな野望の本旨はこちらだ（もちろんここには、「たくさんの店舗を展開できてそれが順調な経営になれば、ずいぶんいい暮らしができるんじゃないか？　タワーマンションとかに、住みたいかどうかは別として、住めたりするんじゃないか？　二拠点生活とかを、したいかどうかは別として、できたりするんじゃないか？」という私利私欲のもとの打算もあるけれど）。読書の文化の裾野を大きくしていくためにも、フヅクエがある種のたたき台として機能するような状況になったら面白い。「フヅクエとか全然ダメ。俺だったらもっと読ませられる」みたいなイキった若者が出てくるのを見られたら楽しい。

　いつかカギカッコが外れて、本の読める店という一般名詞として流通していくような世界を目指したい。本を読む人のことを真剣に考え続けること、その軸を手放さずにアクションを積み重ねていけたら、それは実現可能な未来なのではないだろうか。必要なのは、ちゃんと欲望し、そしてちゃんと信じることだ。

# おわりに

　いずれにしろ真紀さんの読み方は読書感想文に代表されるある種の義務から最も遠い読み方で、ぼくはだいたいそんなことを言った。

「だって、もう読むだけでいいじゃない。何読んだって感想文やレポート書くわけじゃないんだし。読み終わっても何も考えたりしないでいいっていうのは、すごい楽なのよね」

　つまりいつのころまでかは知らないが、真紀さんにとって読むということは読んだあとに何かをまとめることと結びついていたということを意味しているのだが、いまはそれがなくなった。そしてこの人はふつう人がなかなか読もうとしない長い長い話や哲学のなかでもしつこいタイプのものを読んでいる。

　真紀さんは人にビデオは見ると言っても本を読むとはあまり言っていないだろうと思った。「あれ読んだ？　あたしも読んだ。良かったわよね」とか「あれ読んだの？　良かった？　ふうん。じゃあ、あたしも読もう」という種類の会話で出せる本ではないから言ってもしょうがない。

　ぼくは言った。

「真紀さんこれからずーっとそういう本読むとしてさ、あと三十年とか四十年くらい読むとしてさ——、本当にいまの調子で読んでったとしたら、けっこうすごい量を読むことになるんだろうけど、いくら読んでも、感想文も何も残さずに真紀さんの頭の中だけに保存されていって、それで、死んで焼かれて灰になって、おしまい——っていうわけだ」

「だって、読むってそういうことでしょ」


保坂和志『この人の閾』（新潮文庫）p.68–69

　僕にとって読書はこれが全部だ。何かを学んだり、まとめたり、人と感想を言い合ったりすることを前提としないで、ただ読むだけ。読んでいるあいだに頭の中で上演される発語や身振りや風景や思考を追って、その時間を楽しむだけ。ただそれをし続けていたい。

　全部と言った矢先に失礼するが、もうひとつあるとしたら、読書という行為を通して僕は、自分がたしかに生きてきたという事実、生きてきた時間、記憶、それがふわふわと飛んでいってしまわないように楔《くさび》を打ち込んでいるのかもしれない。読書という行為を通して人生に、目印をつけながら歩いているのかもしれない。

　本を買って読んで本棚に並べるという行為は、一冊一冊の記憶をしまっていくようでもあるし、それが集積された本棚という場所は、人生の膨大な記憶が棲みつくビオトープのようにも思えてくる。その背表紙に指が触れた瞬間、いや目が触れた瞬間、ざわざわと息づくものがある。息づきは、思いもよらない記憶の連鎖を呼び込んだりもする。

　ある本を見れば、そこに書かれていたことはなにひとつ思い出せなかったとしても、あるいはその本自体に特に思い入れがあるわけではなかったとしても、読んだきっかけや買ったときのこと、開いていたときの具体的な場面、その時期の気分、そういうものが勝手に思い出される。

　明るい午後の図書室（ズッコケ三人組）、ソニックシティでの塾の集会とその日の夕飯の干物（ＴＵＧＵＭＩ）、受験期の平日の冬の宇都宮線（白河夜船）、栃木の歯医者の駐車場と早くして亡くなった叔母の笑顔（「死の医学」への序章）、地下の広場とオーディオ・アクティブの赤いＭＤ（ノルウェイの森）、ピンクの表紙の不便な手帳（罪と罰）、真夏の祖母の家の二階の板張りの部屋とベランダ（グロテスク）、ナンバーガールのライブに向かうゆりかもめ（クイック・ジャパン）、深沢くんと遭遇した渋谷のブックファースト（夢十夜）、帰宅ラッシュの京王井の頭線（夢を与える）、mixiで知り合った年長男性の家の昼下がりと本の詰まった紙袋（四十日と四十夜のメルヘン）、無印の無地の四六判のノート（ドンナ・アンナ）、アレッポのホテルと仮病（ポロポロ）、晩秋のアーケード街と開演前のバウスシアターとそこで流れていたニック・ドレイク（グリーンバーグ批評選集）、新宿南口のスタバの夜のテラス席（ニッポンの小説）、日中の京橋のスタバのやはりテラス席と映画美学校（友よ映画よ、わがヌーヴェル・ヴァーグ誌）、下北沢のミスド（映画旅日記）、羽田空港に向かう朝の相鉄線（失われた時を求めて）、地震が起きた日の夜の啓文社の駐輪場（オスカー・ワオの短く凄まじい人生）、桜の時期に川を見ながらつまんだフライドポテトと生ビール（ディスコ探偵水曜日）、ぼろぼろ泣いていたタリーズの喫煙席（盆栽／木々の私生活）、奈良のゲストハウスの二段ベッド（2666）、店の薄暗い地下室と差し込んでくる光（密偵）、早朝の大宮の喫茶店で飲む薄いビール（新宿駅最後の小さなお店ベルク）、工事中の日々の真夏の実家の白いボコボコした壁紙（ドン・キホーテ）、真夜中の代官山蔦屋書店（ペスト）、閉店後の店内で不安に押しつぶされそうになりながらソファに丸くなって（ただ影だけ）、温かい冬の日のTitleとその道中（パリはわが町）、くぐつ草の壁側の席で隣の席から聞こえてきたデンマークの話（坂の途中の家）、日暮里駅前の広々とした喫茶店と風呂上がりの乾燥肌（ムッシュー・パン）、久我山の夜中の公民館の弱い光（オン・ザ・ロード）、引っ越した部屋に買って帰った祝いの白い缶ビール（ある作家の日記）……

本を見れば何かを思い出すし、何かを思い出せば本の存在がちらつく。

これは僕の場合が本であるというだけで、他の趣味の人にもそれぞれの記憶のキーがあるだろう。ただ、読書と記憶の相性がいいのもまたたしかで、本はどこにでも持ち運べる。そして、本はたいていの場合、数時間ではなく数日、数週間、一カ月、あるいはもっと、そういう付き合いになる。一定の幅を持った時間をともにすることで、ある一日、ある日々、ある時期の記憶を本が代表すること、つまり本自体が記憶を持つようになるのは、自然なことに思える。読書こそが最大の娯楽であり生きる糧である僕としては、これはうれしい副産物だ。

いつか、この本を読んだ時間が誰かにとっての「ある記憶」になったら、こんなにうれしいことはありません。

本は時空を超えます。この本の前にいるあなたの今がいつで、そこがどこなのか、まるで見当もつきませんが、「本の読める場所」の調子はどうですか？　フヅクエはまだ存在していますか？　なんであれ、2020年の東京、僕が生きている今ここよりも、あなたがいる今そこが、本を読む人にとってより豊かな世界になっていることを祈っています。

本書の刊行にあたって、朝日出版社営業部の橋本亮二さんにまずお礼を言いたい。橋本さんのお声がけがなかったらこの企画は存在しなかった。橋本さんにこの本を営業していただけると考えるとすでにうれしく、それが執筆の原動力にもなった。

編集部の平野麻美さんには、こちらから勝手に毎週原稿を送りつけ、お付き合いいただいた。綾女欣伸さんには特に最後の二カ月、伴走していただいた。日記以外のまとまった文章を書くことは初めての未熟な書き手に辛抱強く寄り添っていただいた。いただく指摘によって原稿がまるで違う顔を見せる経験は鮮烈だった。仁科えいさんにもお礼を伝えたい。入稿前夜に至ってなお、おびただしい赤字を入れて戻してしまった。すいません。ありがとうございます。

山口くん、マキノさん、佐藤くん、森奈ちゃん、西野くん。スタッフたちにも感謝を伝えたい。

山口くんが交換日記で書いてくれた、「初めてフヅクエにお客さんとして来た時に、あの長いメニューを読んで、「これが普通じゃない？」と思った。この配慮というか、配慮って言うと無理して頑張ってるみたいであれだけど、人と接する時に当然考えることが書いてあって、それに驚いた。ただその当然をどこもやってこなかったしこれからもやるつもりがない。普通でいたくてフヅクエに入った」という文章は、何度読んでも涙が出そうになる。この人たちと一緒に働けていることを、自分でも驚くくらいまっすぐに、幸せだと思う。執筆に際しても、物理的にも精神的にも支えてもらった。

そして、執筆の始めから終わりまで、妻の遊ちゃんには有益な助言とうれしい感想と笑顔と励ましを与え続けてもらった。その存在なくしては、この本を完成させることは絶対にできなかった。抱えきれないほどの愛と感謝を込めて、本書を遊ちゃんに捧げたい。

2020年6月　真夜中のフヅクエで

阿久津　隆

**阿久津 隆**　あくつ・たかし

1985年、栃木県生まれ。慶應義塾大学総合政策学部卒業後、金融機関に入社。3年間営業として働いた後、2011年に岡山にてカフェを立ち上げ、3年間店主として一生懸命働く。2014年10月、東京・初台に「fuzkue」をオープン。2020年4月には2号店を下北沢にオープン。著書に『読書の日記』『読書の日記　本づくり／スープとパン／重力の虹』（ともにNUMABOOKS）。https://fuzkue.com/

# 本の読める場所を求めて

2020年7月15日　初版第1刷発行

著者　阿久津 隆

装画・挿画　田渕正敏
造本　有山達也＋山本祐衣（アリヤマデザインストア）
DTP　濱井信作（compose）
編集　平野麻美＋綾女欣伸（朝日出版社）
編集協力　仁科えい（朝日出版社）

発行者　原 雅久
発行所　株式会社 朝日出版社
〒101-0065 東京都千代田区西神田3-3-5
tel. 03-3263-3321
fax. 03-5226-9599
http://www.asahipress.com/

印刷・製本　図書印刷株式会社


ISBN978-4-255-01187-5 C0095